목표
사다리

막연한 성공을 기다리기보다는 세밀한 목표 설정을 하라!

목표를 갖고 사는 게
나만의 **경쟁력**이다

목표
사다리

저자 신진우

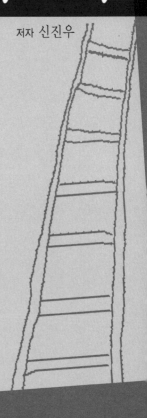

거대한 목표는
높은 벽 앞에 서 있는 것과 같다.
그러나 세밀한 목표를 갖고 있으면
그 높게 보이던 벽도
계단으로 보인다.

도 서 출 판

아름다운사회

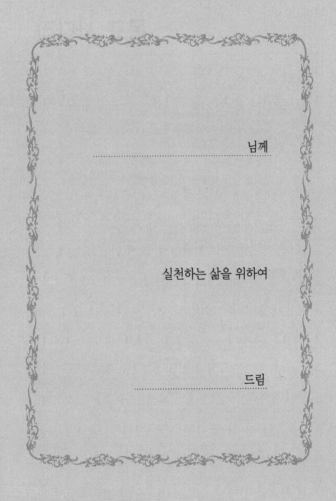

님께

실천하는 삶을 위하여

드림

차례

목표를 갖고 사는 게
나만의 경쟁력이다

목표 사다리

이 세상을 이끌어 가는 사람들은 상위 3%의 사람들이며 이들을 우리는 성공한 사람들이라고 일컫기도 한다. 나는 이들이 소위 '리더' 라 불리는 사람들이며, 이들의 공통점이 바로 리더십이라는 생각을 가지고 있다.

확실한 목표, 강한 실천력, 끊임없는 호기심, 자신감, 배우려는 욕구, 유머 감각, 유연한 인간관계, 결단력, 열정, 끈기, 도전 의식, 겸손 등이 이들 리더들의 자질이며 이것은 타고나는 것이 아니다. 그 사람이 노력하여 길들인 사고와 습관의 결과인 것이다. 인간은 누구나 리더가 될 수 있고, 또 성공할 수 있는 능력도 가지고 있다. 그러나 그 능력을 개발시키는 노력을 얼마만큼 열심히 하느냐에 따라 성공적인 삶의 성패가 나누어 진다고 할 수 있다.

나도 나름대로는 성공적인 삶을 살아왔다고 자부하곤 했는데, 최근에야 그 동안의 나의 삶은 결코 성공적인 삶이 될 수 없다는 사실을 깨달았다. 나는 내 자신의 무한한 잠재력을 인식하지 못했으며, 글로 쓴 목표도 가지고 있지 못했었다. 솔직히 그냥 열심히 살아왔을 뿐이었다.

독자들에게 중요한 것은 이 책을 읽으면서 '그래! 나도 할 수 있다'는 자신감을 갖는 것과 스스로 노력하려는 마음자세를 갖는 것이라 생각한다. 그래서 좀 미흡하지만 가급적 '나의 예'를 많이 제시하려고 노력했다.

행복이나 성공은 이론보다는 자기 자신의 마음가짐이 더 중요한 것이므로 학술적인 측면이 아니라 실천적 측면을 강조하고자 했다. 여기에 수록된 내용은 내가 새로 개발했다거나 나의 실험 결과를 보고하는 것이 아니다. 그 동안 쏟아진 수많은 책들이 제시하는 성공에 관한 내용 중에서 공통점을 뽑고, 독자들이 쉽게 이해하고 실천할 수 있도록 내용을 간추린 것이라는 말이 오히려 적합할 것 같다. 그리고 내가 성공한 사람이기 때문에 '나를 따르라' 형식으로 쓴 것이 아니고 나와 같이 노력해 보자는 개념으로 이 책을 썼다.

학생들뿐만 아니라 요즈음 사오정(45세 정년)이란 말이 유행어처럼 번지고 있는 이 때 아무리 나이가 들어도 할 수 있다는 마음만 먹으면 무엇이든지 할 수 있다는 것을 내가 스스로 보여 주겠다는 생각도 있었다.

또한 나의 이러한 행동은 시간이 흐른 후 자식들이나 손자들에게도 절대 중도에 좌절하지 말라는 무언의 교훈이 될 수도 있다고 마음을 굳게 먹었다. 그래서 취미로 성악과 색소폰을 배우고, 박사 과정에도 도전하고 있으며, 책을 쓰게 된 것이다.

내가 이런 노력을 하고 있을 때 제일 섭섭했던 기억이 하나 있다. 내 속마음은 나의 이러한 결심과 노력에 대하여 아들과 사위들이 나에게 뒤지지 않게 열심히 하겠다고 말하거나 생각해 주길 바랐었는데 하루는 "아버님은 육사를 나오시고 고위 공직까지 역임한 특별한 분이시니까 그렇게 하실 수 있는 것이니 우리들에게까지 아버님처럼 되기를 강요하지 말아 주세요." 라고 말하는 것이었다. 사람은 목표를 정하고 노력하면 못 할 것이 없다는 것을 보여 주려는 나의 노력이 시작도 하기 전에 벽에 부딪친 기분이었다. 다행히 지금은 가족 모두가 긍정적으로 생각하고 보이지 않는 노력들을 하고 있어 조금씩 결실을 맺는 기분이다.

　내가 뛰어난 사람이라서 또는 성공한 사람으로 이름을 날린 사람이라서 이 책을 쓴 것이 아니라 나같이 부족한 사람도 뒤늦게 깨닫고 나의 목표를 설정하여 노력해 보니 실지로 성과가 나오는 데 착안한 것이다.

　아직도 성공으로 가는 문턱에서 머뭇거리는 사람이 있다면 주저하지 말고 이 책과 함께 목표를 글로 써서 성공을 향해 첫발을 내디뎌 보라. 그러면 에스컬레이터를 타고 가는 것처럼 저절로 성공이 기다리는 목적지까지 도달할 것이라고 믿으면서 이 책을 썼다.

　그 동안 이 책이 나오기까지 나를 격려해 준 동생 신

강현 박사와 LMI 한국지사 엄경애 사장님께 먼저 감사드린다. 또한 우리 나라 유일한 성공학 잡지인 『SUCCESS PARTNER』에 실린 주옥같은 성공 예화들을 활용할 수 있도록 협력해 주신 권순석 사장님, 나의 출판 매니저 역할을 해 주신 '아름다운사회'의 열정적인 스텝들과 마지막까지 심열을 기울여 주신 사장님, 그리고 바쁘신 중에도 초고에 대한 충고를 아끼지 않으신 EPL동기들인 'Ever Dream' 친구들과 경기대학 박사 과정 동기들께 진심으로 감사드린다. 끝으로 이 책을 통해 나의 마음을 아내에게 전하고 싶다.

2004년 여름을 맞이하며

저자 신진우

01

삶에서의 목표와 성공

우리는 성공할 운명을 타고 났다

−맥스웰 몰츠

사다리 Ladder

당신에게 꼭 맞는 양복이 필요하고
당신에게 꼭 어울리는 배필이 필요하듯
당신은 성공 목표에 맞는 사다리가 있어야 합니다

당신이 올려놓은 사다리가 썩어서
올라가 보기도 전에 부상을 입지 않아야 하듯

당신이 노력하여 사다리를 올라섰을 때
당신의 원하지 않는 삶이어도 아니되듯

견고한 사다리를 준비하세요
정확한 장소에 사다리를 걸쳐 놓으세요

당신의 사다리를 위한
인생의 지혜가 필요한 때입니다
나의 목표 사다리를 견고히 해야 합니다

목표 사다리는
쉬울수록 좋다 **1**

인생은 목표한 꿈만큼만 이루어지는 정직한 저울

– 엘리어트 조

어느 마을에 한 아버지와 딸이 살고 있었다. 아버지는 밤에 딸이 혼자 멀리 떨어져 있는 외양간에 가서 소에게 여물을 줄 수 있게 가르치고 싶었다. 그래서 어느 날 밤, 그 결심을 실행하기로 했다. 아버지는 겁을 내는 딸을 데리고 현관에 나가서 등불을 켰다.

등불을 높이 쳐든 아버지는 딸에게 물었다.

"어디까지 보이니?"

"대문까지 보여요."

딸이 대답했다.

"좋아! 이제 대문까지 그 등불을 들고 가 보아라."

아버지가 다정하게 말했다. 딸이 아버지의 말대로 대문까지 걸어가자, 아버지가 다시 물었다.

"이제 어디까지 보이지?"

딸은 외양간이 보인다고 말했다.

"그래! 이제 외양간까지 걸어가 보아라."

또다시 딸은 아버지의 말대로 했다. 이윽고 외양간에 도착한 딸에게 아버지가 다시 말했다.

"잘 했어! 이제 외양간으로 가서 여물통을 찾거라."

잠시 후 외양간에 도착한 딸은 소가 보인다고 외쳤다.

"아주 잘 했다. 이제 소에게 여물을 주렴."

소녀의 아버지는 흐뭇한 표정을 지으며 방문을 닫았다.

감이나 사과를 따먹기 위해서는 나무를 직접 올라가거나 사다리를 이용해야 한다. 그런데 나는 어렸을 때 나무나 사다리에 올라가는 것을

> 성공의 열매를 따려면 목표 사다리가 필요하다. 성공의 열매를 따러 가는 목표 사다리도 쉽게 올라갈 수 있어야 한다.
> 즉, 성공하려면 쉽게 달성할 수 있는 쉬운 목표를 설정해야 한다.

몹시 무서워했다. 지금도 마찬가지지만 그 때의 사다리는 어른용이었기 때문에 어린이가 올라가기란 힘들었고 또 떨어질까 봐 무서워할 수밖에 없었다.

어린 시절 나는 '어른들이 사다리를 쉽게 올라갈 수 있도록 만들어 주었으면 좋겠다'라고 생각했다. 쉽게 올라갈 수 있는 사다리는 가장 아래 첫 단계가 되는 가로막대가 낮아 발 디딤에 수월해야 한다. 그 다음에는 올라가기 쉽도록 칸 사이가 적당해야 한다. 그래서 처음 사다리에 오르는 사람도 무서워하지 않고 올라갈 수 있어야 한다.

사람들은 목표를 너무 높게 세우거나 한 번에 도달

하려고 하다가 그만 지쳐 포기하곤 한다. 우리도 자기 나름대로의 목표를 여러 번 세운 뒤 실천해 보았을 것이다. 그러다가 어느 날, 갑자기 혹은 슬그머니 목표에서 멀리 떠나 있는 자신을 발견하기도 한다. 모두들 자기 나름대로 세운 목표를 작심 3일이 되기도 전에 포기하는 것은 웬일일까? 그것은 거의 같은 이유 때문이라고 생각되는데 한번 살펴보기로 하자.

첫째, 목표가 너무 거창했기 때문이다.

처음부터 죽기 살기로 실천해야 겨우 달성할 수 있는 거창하고 어려운 목표를 설정하면, 그 목표가 부담스러워 자포자기할 수밖에 없다. 이것은 목표 사다리의 첫 발판이 너무 높아서 처음부터 곡예를 해야 겨우 사다리를 올라갈 수 있는 경우와 비슷하다. 즉, 목표가 너무 어려우면 재미가 없고 의욕도 사라져서 목표 달성을 위한 동기 부여가 안 되는 경우가 많다.

둘째, 목표만 있고 실천 계획이 없었기 때문이다.

 실천 계획이 없었다는 말은 목표를 머릿속으로만 생각하고 글로 적지 않았거나, 목표를 자기만 아는 곳에 적어놓고 꼭 실천할 생각이 없었다는 뜻이다. 즉, 목표 사다리를 허술하게 만들었거나 아예 사다리를 만들지 않은 경우와 마찬가지인 셈이다. 성공의 열매는 쉽게 딸 수 없는 곳에 매달려 있기 때문에 잘 만든 목표 사다리가 반드시 필요하다.

 한번 자신이 설정한 목표에 도달하면 그 성취감 때문에 어떤 일을 하더라도 활력이 솟고 점차 나도 할 수 있다는 자신감이 생긴다. 이런 자신감은 또다른 상위 목표를 설정하게 한다.

 인간은 강할 때는 한없이 강하고 약할 때는 한없이 약한 동물이다. 나를 강하게 하는 것도 나를 약하게 하는 것도 바로 나 자신이다. 그러므로 목표 사다리는 누구나 만들 수 있고 누구나 올라갈 수 있다.

목표 사다리는 아무런 노력 없이 올라갈 수 있는 사다리가 아니라 스스로 조금만 노력하면 올라갈 수 있는 사다리다. 따라서 처음에 조금만 신경 써서 노력하면 달성할 수 있는 쉬운 목표부터 선정하라는 뜻이다.

그 작은 목표가 다른 사람들에게는 하찮은 것이 될 수도 있다. 하지만 자신에게는 다른 더 어려운 목표를 설정할 수 있도록 해 주어 '할 수 있다'는 자신감과 동기를 부여해 준다.

한 어린아이가 땅콩을 꺼내기 위해 항아리에 손을 집어넣었다. 어린아이는 많은 땅콩을 움켜쥐었지만 항아리에서 손을 뺄 수가 없었다. 어린아이는 손을 빼려고 애를 쓰다가 울기 시작했다.

"무슨 일이니?"

어린아이의 울음소리를 들은 엄마가 다가와 물었다.

"항아리에서 손이 빠지지 않아요."

어린아이가 울먹이며 말했다.

"한 번에 조금씩만 집으렴. 그럼 항아리에서 손이 빠

20

질 거야."

어린아이가 엄마의 말대로 하자 손이 항아리에서 스르르 빠져 나왔다. 어린아이는 속으로 생각했다.

'이렇게 쉬운 방법이 있었네. 그런데 난 왜 지금까지 그걸 몰랐지?'

오늘날 많은 사람들이 위의 어린아이와 같은 힘겨운 상황에 빠져 있다. 왜냐하면 너무 많은 것을 짧은 시간 안에 움켜쥐고 인생 목표를 달성하려고 하기 때문이다. 우리 속담에 '시작이 반이다'라는 말이 있다. 성공하기 위해서는 목표 설정이 최우선 과제인데 첫 목표를 너무 높게 설정해서 좌절해서는 안 된다. 처음에는 쉬운 목표부터 선정해 그 목표 달성을 위한 실천 계획을 작성하는 것이 바람직하다.

밑줄 짝악~ ────────────────

목표를 설정한 후에는 하루에 몇 번씩 목표를 생각하라. 목표 달성을 위해 몇 분만이라도 시간을 할애하면 금세 달성할 수 있을 정도로 쉬운 목표를 설정하여야 한다.

목표의 효과

1. 자신을 이끌어 가는 새로운 정신 작용이 구동한다

2. 생활의 절제 및 목표 달성에 대한 신념이 생긴다

3. 마음과 몸이 상호 긍정적으로 반응한다

4. 목표를 설정하면, 일의 우선 순위가 분명해지고, 초점을 맞추는 데 도움이 된다

5. 목표에 부합하는 사람들과 접촉하게 되고, 목표를 이루는 데 적합한 환경을 조성하려고 한다

오래 사는 게
목표는 아니다 2

주어진 삶을 살아라
삶은 멋진 선물이다
삶에서 사소한 것은 아무것도 없다

– 플로렌스 나이팅게일

의학적으로 죽을 수밖에 없는 환자라고 생각했던 사람이 죽지 않고 살아난 불가사의한 일이 가끔 일어난다. 이런 경우 지금까지는 아무도 그 이유를 설명할 수 없었다. 하지만 최근에 환자 스스로 자신의 삶에 가치를 느끼고 살려는 의지를 보이면, 몸 안에서 화학 반응을 일으켜 아픈 곳을 자연 치유하기 때문이라는 해석이 일반적인 추세다.

사람이 병들거나 사고로 죽지 않고 그냥 늙어서 죽을 경우, 그 수명은 통상 성장기의 5~6배 정도로 보는 것이 과학자들의 일반적인 견해다.

예를 들어 우리 인간의 성장기를 25세까지라고 하면 125~150세까지는 살 수 있다는 추정이다.

실제로 구약성서에 보면 아담은 930세, 노아는 950세까지 살았다. 그리고 무드셀라는 965세로 성경에 등장하는 인물 가운데 가장 오래 산 사람이다. 또한 소림사의 달마 대사는 280세까지 살았다고 한다.

근세에는 1964년 9월 29일에 168세 나이로 사망한 아제르바이젠 공화국의 '시라이 무수리모프' 라는 사람이 최고를 기록했다. 이 사람은 130세에 56세 되는 여자와 결혼해 딸까지 낳았다고 전해진다.

그러나 사회가 타락하고 각종 질병을 이겨 내지 못한 시절에는 평균 수명이 무척 짧았다고 한다.

즉, 4천 년 전 청동기시대에는 인간의 평균 수명이

18세였고, 2천 년 전 로마시대에는 22세, 18세기에는 30세였다고 한다.

20세기에 접어들면서 의학과 생명 공학이 급속도로 발달되었다. 따라서 2000년도에 40~50대를 살고 있는 사람은 평균 수명이 90세가 되고, 2000년 이후에 새로 태어난 아기들은 평균 120세까지는 살 것이라고 한다. 따라서 피터 드러커는 그의 저서 『Next Society』에서 25년 후에는 건강이 허용하는 한, 사람들은 75세까지 일해야 한다고 강조한다.

과거에는 가능하면 오래 사는 것이 인생의 가장 중요한 목표 가운데 하나였다. 하지만 이제 누구나 100년은 살 수 있다고 생각하면, 오래 사는 것보다 긴 인생을 어떻게 살아갈 것인가가 더 중요한 문제라고 생각한다. 이 문제는 자신이 사는 동안 무엇을 할 것인가와 직결된다.

한편, 우리가 평소 무엇을 이루거나 해 보겠다는 생각을 가질 때 가장 먼저 머리에 떠올리는 것은 자신의 능력이다. 힘, 기술, 돈, 건강, 지식, 시간 등이 있는지 부터 따져 봐야 하기 때문이다. 신은 인간을 창조할 때 무한한 잠재 능력을 주었다고 한다. 하지만 인간은 스스로 자기의 한계를 설정해 놓고 그 한계 범위 안에서만 행동한다. 우리는 이 한계를 극복해야 한다. 일반적인 학자들의 견해로는 90%의 인간이 자신의 잠재 능력을 활용하지 못한 채 산다고 한다.

인간에게는 인생의 목적과 의미를 찾고자 하는 열정이 있으며, 동시에 그 목표를 이룰 수 있는 능력도 함께 주어졌다. 따라서 우리는 하고 싶은 일을 해낼 수 있는 무한한 잠재 능력을 가지고 있는 셈이다. 그러므로 무엇을 하든지 간에 확고한 자신감을 가지고 추진하면 못 이룰 것이 없다는 사고의 전환이 인생을 성공으로 이끌어 주는 첫 번째 요소다.

옛날보다 거의 두 배 가까이 길어진 인생을 값지고 보람차게 살아 나가려면 우선 자신의 능력을 믿는 마음자세를 갖춰야 한다.

불사조의 대명사로 널리 알려진 서진규 씨는 그의 삶을 그린 저서 『나는 희망의 증거가 되고 싶다』에서 "자기 자신을 믿는 것! 그것이 바로 스스로의 운명을 창조하는 것이다"라고 말한다. 겨자씨 만한 믿음만 있어도 태산을 움직일 수 있다는 말을 가슴 깊이 새기고 인생의 성공을 위해 한 걸음씩 힘차게 내디뎌 보자.

밑줄 쫘악~

무엇을 하든지 간에 확고한 자신감을 가지고 추진하면 못 이룰 것이 없다는 사고의 전환이 인생을 성공으로 이끄는 요소이며, 그러려면 우선 자신의 능력을 믿어야 한다.

목표 달성을 이루려는 태도

1. 난관과 시련을 대하는 긍정적인 자세

2. 전문 지식의 습득

3. 끈기, 인내와 같은 지속성

4. 목적 의식, 성취를 위한 열망

5. 달성 가능하다는 자기 암시

인생은 절망의 반대편에서 시작된다

— 장 폴 사르트르

한국 사이버 대학 김정기 학장은 고교 중퇴 후 19세에 입시 학원 강사, 20세에 대학 영어 강사, 28세에 100만 베스트셀러 대학 영어 저술가, 시카고 주립대 수석 졸업, 36세에 CEO, 40세에 국제 협상 전문 미국 변호사가 되었다.

그는 '안주하는 삶은 실패보다 두렵다' 는 가치관 속

에서 40대에 벌써 대학장을 역임하고 있는 입지전적 인물이다. 그가 제시한 '성공에 필요한 다섯 가지 요건'은 다음과 같다.

1) 도전하지 않는 인생에 얻을 것은 없다.
2) 나를 키운 8할은 불안감과 자신감이었다.
3) 모든 일은 프로 정신으로 접근하라.
4) 인생은 마라톤, 조급하면 실패한다.
5) 굽힐 줄 모르는 선비 정신으로 무장하라는 것이다.

김 학장이 말하는 불안감이란 '더 이상 나아가지 못할지도 모른다는 불안, 한 곳에서 주저앉을지도 모른다는 불안, 작은 울타리 속에 머물고 말지도 모른다는 불안' 등을 뜻한다. 이런 불안감을 이기기 위해 그는 더욱 열심히 그리고 할 수 있다는 자신감을 가지고 여러 가지 일을 실천했다고 한다. 프로 정신은 일에 대한 지칠 줄 모르는 열정을 말하며, 선비 정신은 지조를 소중히 여기고 올바른 일에는 뜻을 굽히지 않는 신념을 일컫는다.

프랑스의 유명 회사 '미쉐린'의 최고 경영자인 프랑수아 미슐랭은 각자의 내면에 잠들어 있는 무한한 잠재 능력을 인정할 것을 강조한다.

　"나는 경험을 통해 인간은 극한 상황에 처했을 때 그것을 극복하는 놀라운 저력을 발휘한다는 것을 알고 있습니다. 나는 인간의 능력을 신뢰합니다. 인간은 자신의 가능성을 인정받고 그 가능성을 펼칠 기회를 얻으면 무한한 능력을 발휘합니다. 자유롭고 책임감 있는 모든 인간은 태양처럼 빛납니다. 자신의 에너지를 자유롭게, 최대한 발휘하는 것이 가장 중요합니다."

　소프트뱅크의 손정의 회장은 어느 인터뷰에서 성공을 하려면 반드시 꿈을 가져야 한다는 점을 이렇게 역설했다.

　"나는 19세 때 나의 꿈을 명확히 설계했습니다. 우선 20대에 자신의 분야에서 이름을 얻고, 30대에는 최소한 현금 1천억 엔 정도의 자금을 모아 40대에 정면 승부를 건 뒤 50대에 사업을 완성한다는 것입니다. 그리고 60대에는 후계자에게 경영을 완전히 물려주겠다는 계획을 세웠습니다. 이것이 나의 인생 50년 계획입니다."

꿈과 목표 그리고 자신의 신념을 실천하는 일, 즉 성공을 이루는 유일한 방법은 '행동'이다.

– 피터 드러커

맥스웰 몰츠는 그의 저서 『성공의 법칙』에서 "우리가 '성공 목표'를 설정하면 '성공 메커니즘'이 스스로 작동하게 될 것이고 만일 부정적인 목표를 설정한다면 그것은 비인격적으로 '실패 메커니즘'으로 작동할 것이다"라고 하면서 자기 내면의 자아 이미지를 긍정적으로 바꾸어 성공 메커니즘이 작동하도록 강조하고 있다.

폴 마이어는 "모든 것을 실현시키고 달성시키는 열쇠는 목표 설정입니다. 내 성공의 75%는 목표 설정에서 비롯되었습니다. 목표를 정확하게 설정하면, 그 목표는 신비한 힘을 발휘하게 됩니다. 또 달성 시한을 정해 놓고 매진하는 사람에게는 목표가 오히려 다가옵니다"라고 했다.

지금까지 살펴본 바에 따르면 성공한 사람들은 몇 가지 뚜렷한 공통점을 갖고 있다.

첫째, 모두 목표가 뚜렷했다.

둘째, 자기 동기부여가 무척 강했다.

셋째, 모두 긍정적인 태도의 소유자이다.

넷째, 강한 실천력을 가지고 있다.

이 네 가지 가운데 가장 중요한 것은 목표라고 할 수 있다. 왜냐하면 성공은 '자신이 이루고자 하는 것을 성취하는 것'이라고 정의할 수 있는데 자신이 '이루고자 하는 것'이 곧 '목표'이기 때문이다.

밑줄 짝악~ ─────────────────

자신이 바라는 목표를 달성하는 것이 성공적인 삶이며, 성공적인 삶의 추구가 인생을 가치 있게 살도록 이끈다는 사실을 기억하자.

사람들이 목표를 설정하지 않는 이유

1. 목표 달성 실패에 대한 두려움 때문에

2. 목표 설정 방법을 구체적으로 알지 못하기 때문에

3. 목표 설정의 중요성을 잘 모르기 때문에

4. 타인이 제시할 부정적 시각과 비판 때문에

명확한 목표 설정이 성공을 보장한다 4

하루하루가 마지막 날인 것처럼 살되,
내 삶이 백 년 동안 계속될 것처럼 계획을 세우는 것이다

– C. S. 루이스

그리스의 웅변가이며 정치가인 데모스테네스는 "작은 기회는 위대한 일의 시작이다"라고 했으며, 단테는 "아주 작은 불꽃에서 장엄한 화염이 폭발한다"고 말했다.

만약 성공으로 가는 길이 있다면 그것은 한 번에 한 걸음씩 천천히 걸어가는 것이다. 성공으로 가기 위해

서는 목표 설정부터 확실히 이루어져야 한다. 목표가 없으면 첫 걸음부터 전혀 다른 방향으로 갈 수 있기 때문이다.

예전에는 초일류 대학인 하버드 대학에 한국 학생이 입학한다는 자체만으로도 천재라고 평가되었다. 공부 잘 하는 한국 학생들이 미국에 유학가면 하버드 대학에 입학하는 것이 최대의 목표였다. 그러나 졸업 때만 되면 졸업을 못 하는 동양계 학생 10명 가운데 9명이 한국 학생들이라고 한다.

이 점을 이상하게 생각한 하버드 대학의 한 연구소에서 조사를 해 보았다. 그 결과 한국 학생들은 미국 학생들과는 달리 인생의 장기 목표(Long-term Goal)가 없기 때문인 것으로 밝혀졌다. 한국 학생들은 하버드 대학에 입학하는 것이 인생의 최종 목표였고 그 다음 단계의 인생 목표는 세우지 않았다는 말이다.

목표 없는 인생은 출발이 아무리 화려했더라도 결국 초라한 결과를 가져온다. 비록 출발이 늦었을지라도 명확한 목표만 세우면 성공적인 삶을 누릴 수 있다.

목표는 자신의 꿈과 비전을 그리는 것이다. 하지만 목표를 환상이나 공상과 같은 의미와 혼동해서는 안 된다. 목표는 행동의 전주곡으로서 앞으로 달려갈 인생의 궤도다. 목표는 귀한 자아 실현의 표현으로 오늘보다 내일을 더욱 더 낫게 만들고 운명을 개척하고자 하는 열정의 표현이라고 할 수 있다. 이런 목표는 우리에게 불타는 욕구와 강렬한 자신감을 불러일으키며, 확실한 결정을 해 나가도록 돕는다.

목표가 분명하면 기회가 생기고, 목표를 이룰 수 있도록 도와 주는 사람도 생긴다. 일찍이 목표를 정한 사람들에게 물어 보라. 그들은 한결같이 "목표를 정했더니 믿기지 않을 만큼 삶이 제 궤도를 찾아 가더라"고 말한다.

마음을 목표에 집중하면 그 목표를 반드시 이루기 위한 힘이 생긴다. 따라서 목표 달성을 위해 당신을 도와 줄 수 있는 사람이나 기회를 만나면 즉시 그것을 붙잡도록 당신의 모든 관심이 집중된다. 이런 까닭 때문에라도 분명한 목표를 설정할 필요가 있다.

  많은 사냥개를 데리고 사냥꾼이 토끼를 잡으러 갔
다. 사냥개 한 마리가 토끼를 발견하고, 크게 짖으며
토끼를 향해 달려갔다.

  그 뒤로 다른 사냥개들도 쫓아갔다. 그러나 얼마
지나지 않아서 토끼를 직접 보지 못하고 따라갔던 사
냥개들은 투덜거리면서 돌아왔다. 그들은 한결같이
"무슨 토끼가 있어, 잘못 보았겠지. 장애물이 너무 많
은데"라고 변명을 했다.

  그렇지만 처음에 달려나간 사냥개는 어떤 어려움
이나 장애물이 있어도 포기하지 않고 결사적으로 쫓
아가 마침내 토끼를 잡을 수 있었다.

  어떻게 이런 일이 가능했을까? 이 사냥개는 자기
목표물을 분명히 '보았던' 것이다. 그래서 끝까지 쫓
아갈 수 있었다. 하지만 다른 사냥개들은 토끼를 직
접 보지 못하고 따라가기만 했을 뿐이다.

  명확한 목표의 존재 유무는 인생에서 성공과 실패

라는 큰 차이를 낳는다.

목표 설정이란 자신의 꿈들을 적은 뒤 생각을 명확히 정립함으로써 꿈을 성취하기 위한 최종 시한을 정해 계획을 발전시켜 나가는 것이다.

따라서 명확한 목표 설정은 성공을 위한 첫째 조건이 된다. 다시 말하면 목표 설정은 모든 발전과 자기개발 계획에 가장 중요한 조건이다. 그것은 모든 실현과 성취의 열쇠가 된다. 자신감, 현명한 결정, 인간적인 특징도 성공에 기여하는 요소가 될 수 있지만 그 모든 것의 초점은 '목표 설정'이다. 목표 설정은 우리에게 올바른 태도와 자신감을 갖도록 유도해 모든 것을 가능케 한다. 그러므로 목표 설정은 자신의 능력보다 조금 높은 것을 선정하는 것이 좋다.

밑줄 쫙악-

목표 설정은 당신이 어떤 상황에 처해 있고 어디로 가고 있는지, 두 지점 사이의 관계를 재정립하는 것이라고도 할 수 있다.

목표 설정을 위한 지그 저글러의 제안

1. 씹을 수 있는 것보다 더 큰 것을 물지 마라

2. 작은 목표는 사람의 마음을 뒤흔들어 놓을 만큼 매력
   적이지 못하다

3. 목표에 도달해서 얻는 것은 목표에 도달함으로써 이
   루어지는 자기 자신만큼 중요한 것은 아니다

4. 어떤 목표에 도달하기를 원한다면, 마음 가운데에서
   그 목표에 도달하고 있는 자신의 모습을 보아야 한다

목표 설정에도 원칙이 있다 5

영웅이란 자신이 할 수 있는 일을 해낸 사람이다
범인은 할 수 있는 일을 하지 않고
할 수 없는 일만을 바라고 있다
— 로망 롤랑

효과적이고 확실한 목표를 설정하려면 무엇보다도 뚜렷한 기준이 필요하다. 설정된 목표가 무슨 말인지 자신도 모르거나 성공을 위한 동기 유발에 전혀 도움이 안 된다면 그것은 잘못 선정된 목표라고 할 수 있다. 목표에 곧장 돌진하려면 목표 설정에 알맞은 원칙을 적용해야 한다.

한국 LMI(Leadership Management International)의 EPL(Effective Personal Leadership : 효과적인 퍼스널 리더십) 교육 과정에서 사용하는 교재에 목표 설정 원칙이 잘 제시되어 있으므로 내용을 발췌해 소개하고자 한다.

첫째, 목표는 반드시 자기 자신의 고유한 목표여야 한다.

다른 사람이 세워 준 목표보다 자신이 세운 목표를 이루고 싶은 것은 당연한 일이다. 그러나 그 목표가 자기 자신의 것이어야 한다고 강조하는 데는 좀 더 깊은 의미가 숨어 있다. 만약 자신의 목표를 다른 사람에게 공개해야 한다면 진정으로 자신에게 필요한 목표를 설정하기보다는 다른 사람이 그럴 듯하다고 인정해 주기를 바라는 목표를 세우기 쉽다. 그런데 목표가 자신의 가치 체계에 맞지 않으면 객관적으로 바라볼 수 없게 된다. 목표가 자신의 진정한 성취욕을 충족시키지 못한다면 그 어떤 의미나 호소력이 발휘되지 않는다. 자기 스스로 목표를 세우고 목표가 반드시 이루어질 것을 100% 믿지 않으면 목표를 세우는 데 들어간 시간만 허비하게 된다.

둘째, 목표는 반드시 긍정적으로 표현되어야 한다.

우리들의 마음은 정신적 영상에 의해 기능을 발휘한다. 우리는 마음의 눈을 통해 생각의 영상을 '본다'고 할 수 있다. 부정적으로 표현된 목표는 정신적 영상을 제거해 버리는 속성이 있다. 마음은 아무것도 없는 것을 영상화할 수는 없다. 간단한 예를 하나 들어 보자.

만약 자신을 영업부 사원이라고 가정한다면 '인터뷰 약속 전화를 거는 데 꾸물거리지 않겠다' 라는 목표는 잘못 표현된 것이다. 그것은 '영업 관련 인터뷰를 더 많이 하겠다' 는 표현이지만 '꾸물거리지 않겠다' 는 표현으로부터 과연 어떤 그림, 즉 어떤 정신적 영상을 떠올릴 수 있겠는가?

그 대신 '나는 매일 아침 9시부터 10시까지 한 시간 동안은 반드시 전화를 걸겠다'는 목표를 세운다면 금세 시각적인 영상을 떠올릴 수 있다. 우리는 책상에 앉아 전화를 거는 자신의 모습을 그려 볼 수 있다. 또한 이 행동을 돕기 위한 또다른 계획을 세울 수도 있다. 이를 테면 자신이 전화를 걸어야 할 사람들의 이름이 들어 있는 상자로부터 고객 카드를 추려 낼 수 있다. 그리고 그 카드들을 다음 날 아침 즉시 사용할 수 있도록 정리할 수도 있다. 이런 영상은 우리가 목표를 성취할 수 있도록 자신을 이끄는 긍정적인 힘이 된다.

이와 같이 목표가 쓸모 있는 것이 되려면 자신이 하고 싶고 되고 싶은 것이 이루어진 모습, 즉 긍정적인 영상을 머릿속에 생생하게 그림으로써 생기는 동기 부여의 힘이 필요하다.

셋째, 목표는 반드시 글로 쓰여져야 하며 구체적이어야 한다.

최근의 한 연구 조사에 따르면, 자신의 목표를 특별히 글로 적은 뒤 그 방향으로 열심히 나아갔던 사람들은 겨우 3%인 것으로 나타났다. 그런데 놀라운 사실은 이들이 사회의 최상위 3%를 점유하고 있다는 점이다. 두 번째 그룹인 10%도 이들과 동일한 고학력자들로 자신의 목표를 생각하고 결정하며 행동하는 사람들이었다. 하지만 이들은 앞의 최상위 그룹 밑에서 그런대로 만족스러운 삶을 영위하고 있다.

3%와 10%의 차이는 무엇일까? 첫 번째 그룹은 글로 목표를 적었고, 두 번째 그룹은 생각으로만 목표를 정했다. 그런데 첫 번째 그룹은 두 번째 그룹에 비해 10배 또는 100배의 성과를 거두었다.

이것이 바로 글로 쓴 목표의 힘이다. 글로 적은 목표는 자신이 가고자 하는 길에서 벗어나지 않도록 표지판 역할을 하며, 장애물을 만나도 쓰러지지 않도록 도와 준다.

이 연구 결과 세 번째 그룹은 60% 이상을 차지하는 보통 사람들이었다. 그들이 세운 목표는 대부분 단기적인 것으로 봉급이 올라가거나 승진하는 것 등이다. 그들도 재정적으로 뭔가를 이룰 수 있을지 모르지만 일상적으로 필요한 것 외에 다른 것을 생각하는 데는 거의 시간을 할애하지 않는다.

30%가 좀 안 되는 나머지 사람들은 자신들이 원하는 것이 무엇인지 생각조차 하지 않는 사람들이다. 그들은 대개 의존적이고, 일부는 다른 사람들에게 생계를 의지하고 있었다.

두 번째 그룹을 포함한 모든 다른 사람들과 최상위 3% 사람들 사이의 차이점은 자신들의 목표를 글로 썼느냐 쓰지 않았느냐의 차이다. 어떤 사람들은 그것을 별것 아닌 것처럼 말하지만, 이들 그룹간의 확연한 차이점을 볼 때 결코 사소하다고 말할 수 없다.

또한 목표가 구체적이어야 한다는 말은 뚜렷하게 측정할 수 있는 것이어야 한다는 것을 뜻한다. 그냥 잘살고 싶다거나 행복하게 살고 싶다는 식의 목표는 측정할 잣대가 없기 때문에 목표 달성이 되었는지 여부를 판단할 수가 없다. 따라서 목표 달성에 대한 적절한 동기가 부여되지 않는다. 동기 부여가 안 되는 목표는 애매모호한 목표로서 자칫 목표 그 자체에 의미를 둘 수 있을 뿐이다. 그렇게 되면 글로 쓰지 않은 목표와 마찬가지로 뜬구름 잡는 식의 목표가 되어 아무것도 이룰 수 없게 된다.

넷째, 목표는 반드시 현실적이고 달성 가능한 것이라야 한다.

목표가 현실적이어야 한다는 것은 그 목표가 평범하거나 보잘것없고 흔해 빠진 것이어야 한다는 의미가 아니다. 목표는 반드시 자신이 할 수 있고, 하고 싶은 일에 대한 목적을 나타내야만 한다.

이를테면 화학과를 갓 졸업한 대학생이 대규모 화학 연구소에 취직했다고 하자. 그 사람이 앞으로 6개월 이내에 연구소의 소장이 되겠다는 목표를 설정하는 것은 비현실적이다. 목표가 비현실적이기 때문에 그 목표는 강한 동기 부여가 되지 못한다.

그렇다고 실험실 기술자가 반드시 자기 자리만을 지키거나 현재 수준에 안주하는 목표를 설정해야 한다는 뜻은 아니다. 일정한 기간 내에 필요한 기술과 경험을 얻겠다는 계획과 연결된 승진 목표는 현실적이면서도 충분히 달성 가능한 목표이므로 강렬한 동기 부여의 힘을 갖게 할 것이다.

일련의 점진적인 단계를 밟아 나아갈 때 그 목표는 이루어진다. 최종 목표를 얼마나 높이 잡아야 하는가는 오로지 자신만이 결정할 수 있는 문제이다.

다섯째, 목표는 반드시 성격의 변화를 포함해야 한다.

여러분 주변에는 회사의 사장이 되거나 높은 지위를 얻고 싶어 하는 사람들이 많다. 그런데 그들은 회사의 중역이나 전문 직업인으로서 또는 프로 세일즈맨으로

서 탁월한 사람이 되는 데 필요한 성격상의 특성이나 개성에 대해서는 아는 바가 없다. 게다가 그런 성격상의 특성을 개발하려는 목표도 없다. 그러나 현재 하고 있는 일의 성격이나 지위에 관계 없이 성장하려는 목표를 달성하려면 그 일을 해내는 데 필요한 개성의 변화가 반드시 선행되어야 한다.

예를 들면 더 효과적으로 시간을 관리할 필요가 있을 때 단지 "나는 시간을 효과적으로 쓴다"고 말하는 것은 적절한 방법이 아니다. 왜 자신이 시간을 질질 끄는 습관을 가지고 있는지, 왜 이 일을 하다가 저 일로 뛰어들고 아무 일도 끝내지 못하는지 그 원인을 발견해야만 한다.

별로 중요하지 않다고 느끼는 세부 사항들을 방치하는 습관이 있지는 않은가? 이런 문제는 자신의 직무와 책임 중 세부 사항들을 부하 직원들에게 효과적으로 위임하면 해결된다. 그렇게 하면 자신은 더 중요한 프로젝트에 전념할 수 있는 시간적 여유를 얻을 수 있다.

자신이 어떤 일을 마무리하지 못하고 또다른 일을

하는 습관이 있다면 그것은 하루 일과에 대한 계획이 불완전하기 때문이다. 그런 사람은 날마다 처리해야 할 업무 사항들을 입력해 두는 시스템인 DO-LIST(해야 할 일에 대한 목록)를 마련함으로써 모든 일을 자신 있게 마무리해 나갈 수 있다.

미래에 무엇이 되고자 하는 목표를 세울 때는 자신에게 부족한 성격을 개발하는 목표를 먼저 세워야만 한다. 예를 들어 아침에 늦게 일어나는 게으름 때문에 아무것도 못하는 사람이 부지런한 사람이 되고 싶으면 "앞으로 3개월 동안 아침 5시 30분에 일어나서 2시간 동안 독서를 한다"라는 목표를 세우면 된다. 나의 경험에 따르면 보통 3개월 정도 같은 시간에 일어나는 버릇을 들여 자동적으로 그 시간에 눈이 떠지게 되었다.

내적 변화의 필요성을 인정하고 기꺼이 노력을 경주하는 자세는 목표 설정에 있어서 빼놓을 수 없는 요소중의 하나임을 명심해야 한다.

　서양 격언에 "우리가 생각의 씨앗을 뿌리면 행동의 열매를 얻게 되고, 행동의 씨앗을 뿌리면 습관의 열매를 얻는다. 습관의 씨앗은 성품을 얻게 하고 성품은 우리의 운명을 결정짓는다"라는 말이 있다. 즉 우리의 성품이나 성격은 근본적으로 습관의 복합체라는 말이다. 따라서 생각을 바꾸면 습관도 바꿀 수 있다. 좋은 새습관을 만들면 그 습관이 장차 자신이 바라는 것을 이루어 주기도 하고, 세워놓은 목표를 성취시켜주기도 한다.

밑줄 좌악~
_____

목표 설정의 5가지 원칙

1. 자기 자신의 고유한 목표를 세운다
2. 긍정적인 말로서 목표를 표현하자
3. 목표는 반드시 구체적인 글로 쓰여져야 한다
4. 목표는 현실적이고 달성 가능한 것이어야 한다
5. 목표는 성격의 변화를 포함하는 것이어야 한다

글로 쓴 목표의 장점

1. 궤도를 벗어나지 않고 앞으로 나아가도록 하며, 외부의 방해를 받아 생기는 혼란스러움에서 벗어날 수 있도록 도와 준다

2. 일의 진행 상태를 명확하게 추적할 수 있다

3. 목표를 분명하게 해 주고 목표에 전념할 수 있도록 동기를 부여해 준다

4. 목표를 검토할 때마다 목표 달성을 향한 일을 계속하도록 지속적인 자극을 준다

5. 다음에 무엇을 해야 하는지를 가르쳐 주기 때문에 시간과 에너지를 절약하게 해 준다

6. 목표들 사이에 우선 순위와 균형을 제공한다

7. 글로 쓰는 과정은 그것을 시각화하는 습관을 갖게 해 주며, 모든 일을 하는 데 창조성을 발휘할 수 있도록 한다

8. 성공을 달성하기 위해 필요한 모든 행동을 이끌어낸다

9. 생산성을 10배 이상 향상시킨다

목표에도 종류가 있다

> 우리가 세운 목적이 그른 것이라면 언제든지 실패할 것이요
> 우리가 세운 목적이 옳은 것이라면 언제든지 성공할 것이다
>
> – 도산 안창호

단기 목표

이 목표들은 지금부터 향후 1년 정도까지의 목표들이라고 할 수 있다. 단기 목표도 일일 목표, 주간 목표, 월간 목표, 분기별이나 반기 목표 등으로 나누어 계획할 수 있다. 단기 목표는 신념을 강화시켜 주는 장점이 있다. 목표 기간이 짧으면 짧을수록 목표를 성취하고

자 하는 의욕이 더 강해진다. 그리고 단기 목표를 달성함으로써 얻게 되는 자신감과 에너지는 다음 목표를 추구할 수 있는 강력한 동기가 된다.

또한 단기 목표의 달성은 자기자신을 한 단계 높은 차원으로 끌어올려 주며 세상을 좀 더 넓게 볼 수 있는 안목을 갖게 해 준다. 어제까지만 해도 볼 수 없었던 목표를 뚜렷하게 볼 수 있게 되며, 또 목표를 달성할 때마다 더 높은 단계로 올라가므로 점점 더 많은 것을 볼 수 있다.

단기 목표에 대해 한 가지 주의해야 할 점이 있다. 단기 목표는 보통 쉽게 달성된다. 다시 말해 너무 쉽게 도달할

수 있는 목표가 동기 부여가 잘 되지 않을 수 있다는 말이다. 그러나 도전이 필요 없는 목표란 없다. 단기 목표는 목표 달성에 소요되는 기간이 짧다는 것이지 노력을 적게 기울여도 된다는 뜻은 결코 아니다.

장기 목표

단기 목표는 자연스럽게 장기 목표로 이어진다.

장기 목표는 보통 1년 이상 장기간에 걸쳐 이뤄야 할 목표들이다. 장기 목표를 세우려면 높은 수준의 선견지명, 비전, 이해력, 용기 등을 갖춰야 한다. 장기 목표는 10년 후 나아가 다음 세대까지도 내다볼 수 있어야 하기 때문이다.

장기 목표는 자신의 삶에 대한 목적을 표현하는 것이기도 하다. 자신이 원하는 궁극적인 큰 목표가 바로 장기 목표가 될 수 있다.

장기 목표는 불확실한 미래 때문에 동기 부여가 잘 안 되는 경우가 있다. 이럴 때는 중간 단계의 목표를 선정할 수도 있다. 중간 목표는 장기 목표를 달성할 수 있다는 확신을 갖게 하는 보조 장치가 될 수 있다.

예를 들면 사업 경영의 야망을 불태우는 젊은이도 대재벌 총수가 된 자신의 모습을 상상하기란 어려울 것이다. 그러나 그는 최소한 조그만 회사의 사장이 되어 있는 자신을 그려 볼 수는 있
다. 그 후 그는 중소기업을 거쳐
대기업 그리고 마침내 재벌 총
수가 되는 식의 점진적인 단계
들을 계획할 수 있다. 이와 같이 일련의 중간 단계를
꼼꼼히 계획하면 '천릿길도 한걸음부터' 라는 말이 있
듯이 어떤 장기 목표도 더욱 구체적이고 현실적인 것
으로 만들 수 있다.

유형(Tangible)의 목표

유형의 목표는 우리가 감각을 통해 인식할 수 있는
목표를 말한다. 유형의 목표는 소득 증대나 가족과의
특별한 여행 등과 같은 삶의 필요와 욕구들이다. 그것
들이 성취되는 것을 직접 눈으로 볼 수 있고 느낄 수
있기 때문에 '유형' 이라는 표현을 쓴다.

그런데 일부 사람들은 유형의 목표를 실제로 가지고
있다는 사실에 대해 죄의식을 갖는다. 그 이유는 부를

죄악시하는 옛 사상의 영향에서 비롯된 것 같다. 한편으로는 인간의 가치를 자신이 지닌 재산으로 측정하면서 오직 유형의 목표만을 추구하는 사람도 많다.

위의 두 가지 견해는 모두 크게 잘못된 것이다. 기본적인 생활 수준도 누리지 못하면서 오로지 자아 실현에만 관심을 쏟는 사람은 가족들을 고생시키는 사람이다. 그와 반대로 세계의 부를 한 손에 쥐고 있으면서 자신만의 삶의 목적과 원칙과 이상을 갖지 못한 사람은 인생에 실패한 사람이라고 할 수 있다.

유형의 목표는 측정 가능할 뿐만 아니라 원하는 재물을 손에 넣기 위한 욕구와 욕망에 기초를 두고 있다. 유형의 목표는 다른 목표를 달성하기 위한 새로운 습관과 태도를 개발하거나 높은 단계에 올라서도록 만들어 주는 어떤 물질적인 내용을 의미한다.

유형의 목표는 새 집, 고급 승용차, 별장, 멋진 휴가 여행 등 많은 외형적인 것들에 대한 열정을 가지게 한다. 이 시점에서 자신이 이런 것들을 소유할 여유가 있느냐, 또 어떻게 하면 그것들을 소유할 수 있느냐 하는 문제는 고려하지 말아야 한다. 유형적인 욕구들은 단순히 자신의 생각을 확대하는 자극제일 뿐이다.

어떤 유형의 목표가 현재 너무 멀리 떨어져 있어 그곳에 어떻게 도달해야 하는지를 모를 수도 있다. 하지만 그 목표가 정말로 우리에게 의미가 있다면 무의식적으로라도 이끌려 가게 된다. 그리고 우리는 그 목표에 도달하기 위한 재능, 능력, 경제력 등을 개발하기 시작한다. 과거에는 무심하게 지나쳤던 기회가 보이기 시작하며, 목표에 가까이 다가서는 방법도 발견하게 된다.

무형(Intangible)의 목표
무형의 목표는 유형의 목표를 달성하는 데 필요한 내적 변화를 의미한다. 무형의 목표는 종종 간과되기도 하지만 사실은 가장 중요하다고 할 수 있다. 무형의 목표는 인간이 가지고 있는 성격적 특성에 변화를 가져오는 인격이나 영적, 정신적, 정서적인 것들에 영향을 주기 때문이다. 대개 무형의 목표를 달성하는 것이 유형의 목표 달성을 이끌어 내기도 한다.

예를 들어 인격이나 성실성이 갖춰지지 않으면 하나의 사업체를 소유한다거나 더 큰 수입을 관리하는 등 가시적 목표들을 오래 지속시키지 못한다.

이처럼 무형의 목표가 우리의 궁극적 목표가 되는 경우가 많은 반면, 유형의 목표는 무형의 목표를 달성하기 위한 하나의 수단에 불과한 경우가 많다. 이를테면 사회적인 인정을 받으려는 우리의 목표는 무형의 목표이며, 너도나도 사려고 애쓰는 집은 바로 그 무형의 목표에 도달하도록 도와 주는 유형의 목표가 되는 셈이다.

또한 유형의 목표와 무형의 목표는 서로 분리할 수 없는 경우가 많다. 대부분의 자아 실현

나의 목표
■ 유형의 목표(갖고 싶은 것) :
■ 무형의 목표(이루고 싶은 것) :

욕구는 무형의 목표 범주 안에 들어가지만 이것을 재는 척도는 유형적인 것일 때가 많다는 사실이 이를 증명한다.

밑줄 쫘악~

　　각 개인의 상황과 여건에 맞는 목표를 설정하는 것이 중요하며, 목표간 서로 상충되는 일이 없도록 조화를 이루어야 한다.

목표에 적합한 실천 계획을 짜야 한다 7

최고에 오른 남자와 여자는 모든 열정과 에너지,
노력을 쏟아 부어 자신의 목표를 이룬 사람들이다

– 해리 트루먼

목표가 설정되었으면 그 목표가 내게 어떤 의
미가 있으며 어떤 이익을 주는지 살펴야 한
다. 또 목표를 달성하는 데 장애 요소는 무엇인지를 알
아두어야 목표 달성을 위한 동기가 부여된다. 그리고
단계별로 목표 달성을 향해 나아갈 세부 계획과 자신
감을 불어넣는 다짐이 필요하다. 이런 모든 것들을 이

루려면 확실한 실천 계획을 세
워야 한다.

목표 달성의 꿈을 실현시키려
면 반드시 명확한 실천 계획을
갖고 있어야 한다. 목표를 달성하겠다는 단순한 생각
의 단계에서 벗어나 목표를 구체적으로 현실화하려면
실천 가능한 세부 계획을 마련해야만 한다. 자신의 목
표가 제대로 설정되었다면 이론을 현실로, 이론적인
지식을 실용적인 노하우로, 생각을 행동으로 바꾸면
된다.

실천 계획에는 반드시 목표 달성 시한이 명시되어야
한다. 목표 달성을 위한 실천 계획서와 시한의 결정은
슬금슬금 뒤로 미루는 버릇을 바로잡아 줄 뿐만 아니
라 현재 상태에 안주하지 않도록 채찍질한다.

목표 달성 시한을 명시하는 것은 실제적으로 목표를
'기정 사실화' 하고 시각화하는 데 도움이 된다.

실천 계획에 목표 달성 시한이 포함되면 목표에 대

한 도전의 의미를 심어줄 뿐만 아니라 스스로 결정한 사한이기에 그 도전에 적극적으로 응하게 된다.

실천 계획서의 이점

1. 실천 계획서는 목표를 향해 올바른 방향으로 나아가고 있는지 확인할 수 있는 방향탐지기 역할을 한다. 또 어떻게 목표에 도달할 것인지를 알게 해 주고 궤도를 이탈하지 않도록 도와 준다
2. 실천 계획서는 여러 방면에서 몰려드는 산만한 일들을 막아 준다
3. 실천 계획서는 목표의 진척 상황을 측정하는 데 도움이 되며, 자신의 행위에 대해 가치 있는 피드백(feedback)을 하게 만든다
4. 실천 계획서는 미루는 버릇, 정체감, 목적 상실, 두려움, 의심 그리고 근심을 극복하는 데 도움이 된다

계획한 것이 단지 계획으로만 끝난다면 아무런 의미가 없을 것이다

계획한 것에 실천이 따라야만 목표한 걸 이룰 수 있는데 주변에서 일어나는 일들이 세워 둔 계획과 자꾸 부딪치는 일들이 자주 일어나므로 실천이 어려워지는 것이다.

하지만 계획한 것을 실천하려는 꾸준한 노력이 있다면 자신의 큰 포부를 이룰 수 있을 것이다

실천이란 자신과의 싸움 8

행동에는 비용과 위험이 따른다
하지만 우리의 인생 전체를 망치는
게으름에 비하면 그 위험은 아무것도 아니다

– 존 F. 케네디

세계 최고의 경영 컨설턴트이자 동기 부여가인 브라이언 트레이시는 『목표, 그 성취의 기술』에서 목표를 이루기 위한 방법을 이렇게 말했다.

"목표를 설정하고, 그것을 성취하기 위한 계획을 세우고, 날마다 그 계획을 실천하기 위해 노력하십시오."

목표 달성은 반드시 행동을 필요로 한다. 아무리 좋은 목표나 잘 짜여진 실천 계획이더라도 그것을 실행하지 않으면 목표가 없는 사람과 마찬가지다. 게다가 성공을 향한 최초의 꿈은 물거품이 되고 만다.

꿈을 목표로 만들고, 목표를 달성하기 위한 실천 계획을 어떻게 작성할 것인가 하는 것은 다른 사람이 가르쳐 줄 수 있다. 하지만 실천 계획을 행동으로 옮기는 것은 각자의 몫이다.

다시 말하면 말에게 물을 먹이기 위해 주인이 말을 물가까지 끌고 갈 수는 있다. 그러나 물을 마시고 안 마시고는 순전히 말에게 달려 있다는 사실과 같은 이치다. 목표 달성을 위한 실천 계획을 실행하려면 무엇보다도 목표를 달성하겠다는 불타는 열정이 필요하다. 자신이 작성한 목표를 실행하는 것은 자신과의 약속이므로 꼭 지켜야 한다는 확고한 의지를 다져야 한다.

열정

열정은 마음 속 깊은 곳으로부터의 간절한 바람이라고 할 수 있다. 아무리 자신의 목표가 가치 있고 실천 가능한 것이라고 해도 실천하고자 하는 열정이 없다면 성공시키기 어렵다. 성공에 대한 불타는 열정은 단순한 희망 사항과 목표 사이에 명확한 구분을 할 수 있도록 만들어 준다.

열정을 가지는 것은 그렇게 복잡한 일이 아니다. 자신이 처한 상황이 자신에게 영향을 끼칠 때까지 무한정 기다린다면 열정을 갖게 될 가능성은 무척 희박해진다. 그러나 스스로의 힘과 능력을 인정하고 결과를 책임지며 자신의 성격적 변화를 선택해 간다면 자연스레 열정을 불러일으킬 수 있다.

열정은 내면으로부터 생겨나는 감정이므로 스스로 열정을 불러일으키고 북돋우며 통제할 수 있다. 열정은 육체적 욕구와 비슷한 감정적인 욕구로서 시각, 후

각, 미각 등의 감각을 통해 의도적으로 자극할 수 있다.

　우리는 때때로 '욕망'을 죄악시하는 고정 관념에 사로잡힐 때가 있다. 하지만 이런 고정 관념은 성공을 위해 전혀 도움이 안 된다. 하지만 다른 사람이야 어떻게 되든 자신의 이익만을 추구하는 이기적인 욕망은 문제가 된다. 세계의 위대한 철학자들도 모두 '오직 이기적인 동기에서 비롯된 욕망'은 진정한 성공을 가져다주지 않는다고 지적한다. 인간은 본질적으로 욕망을 가진 동물이다. 그런데 자아 성취를 위한 욕구는 다른 사람에게 돌아가야 할 부분을 가로채는 일과는 아무 상관이 없다.

　앞에서 언급한 열정, 욕구, 욕망 세 단어는 모두 비슷한 뜻을 가지고 있다. 하지만 위에서 잠깐 설명했듯이 욕구는 육체적인 바람까지를 포함하는 개념이며, 욕망은 육체의 부정적 이미지를 포함한다. 그러나 열정은 내면의 불타는 의지를 나타내는 의미를 가지고 있으므로 여기서는 열정이라는 단어를 사용한다.

목표를 달성하려는 열정의 강도는 목표들의 우선 순위를 정하는 데 도움을 준다. 열정이 가장 강한 목표가 최우선 순위가 될 것이며, 그런 목표는 자발적 동기 부여를 적극적으로 제공하는 힘이 된다. 열정이 없으면 목표는 실현되지 않은 채 사장될 확률이 높다.

약 속

폴 마이어는 "약속들을 지키지 않는다면 결코 목표에 도달할 수 없다. 그것은 불가능한 일이다"라고 주장했다. 그리고 약속을 지킬 때 더 큰 이익이 온다는 사실도 강조한다.

해를 거듭할수록 사람들 사이에 신뢰는 줄어들고 의심은 늘어간다. 말로 한 약속은 믿을 수가 없고, 계약서를 작성해도 무슨 일이 생기면 자신이 유리한 측면에서 해석한다. 덕분에 계약서는 점점 두툼해지고 그 계약서들을 설명해 줄 변호사가 나날이 더 필요해진다. 이런 현상은 신뢰가 점차 사라지는 세태를 반영하는 것으로 탐욕이나 불신, 부당한 대우 등의 이유 때문일 수도 있다. 그렇지만 근본적으로는 약속을 잘 지키지 않아 발생하는 현상들이다. 약속을 지키지 않는 것은 자신을 속이는 것과 같다. 자신을 속이면서까지 이 세상을 사는 것은 뚜렷한 목표가 없기 때문이다.

일반적으로 볼 때 우리가 어떤 사람을 믿고 신뢰한다는 사실은 그 사람이 약속을 반드시 지키기 때문이다. 주변에서 일어나는 일들을 가만히 살펴보면 한 가지 약속을 지키지 않는 사람은 다른 약속들도 쉽게 깨는 사람임을 알 수 있다.

약속을 잘 지키는 것이 때로는 자신을 이기는 길이기도 하다. 시골에서 어렵게 골프를 시작하여 PGA 역사상 동양인으로는 세 번째 우승을 일궈 낸 우리 나라의 자랑 최경주 선수도 우승 후 어느 인터뷰에서 "성공이란 자기를 이길 수 있느냐 없느냐에 달려 있다. 그것은 곧 자신과의 약속을 지키는 것이라 할 수 있다"고 말했다. 즉, 자신을 이기지 못하면 어느 누구도 이길 수 없다는 뜻이다.

> 이 세상에서 나와 가장 가까운 나 자신과의 약속을 지킬 수만 있다면 지키지 못할 약속은 아무것도 없을 것이다. 따라서 성공은 절대로 피해가지 못한다.

목표 달성을 위한 실천 계획을 실행하는 것은 나와의 약속을 지키는 것이다. 그런데 나와 한 약속을 지키는 일이 가장 어렵다. 가까운 사이일수록 약속은 더 잘 지켜야 된다.

성공을 향해 길을 떠나는 사람에게 필요한 것은 노잣돈이나 먹을 식량이 아니라, 자신의 목표에 대한 명확한 인식이다. 목표를 향해 끝까지 걸어간다면 결국 목표 지점에 이르게 된다. 그것이 1차 목표였으면 다음 목표를 향해 다시 출발하면 된다. 그러면 내 속에 잠재되어 있는 무한한 능력은 꿈에서부터 출발한 나의 목표를 현실화시켜 반드시 큰 성공으로 이끌 게 틀림없다.

칭기즈 칸

집안이 나쁘다고 말하지 마라
나는 아홉 살 때 아버지를 잃고 마을에서 쫓겨났다

가난하다고 말하지 마라
나는 들쥐를 잡아먹으며 연명했고
목숨을 건 전쟁이 내 직업이고 일이었다

작은 나라에서 태어났다고 탓하지 마라
그림자 말고는 친구도 없고, 병사로는 10만,
백성은 어린애, 노인까지 합쳐 200만도 되지 않았다

배운 게 없다고, 힘이 없다고 탓하지 마라
나는 내 이름도 쓸 줄 몰랐으나 남의 말에 귀를 기울이면서,
현명해지는 법을 배웠다

너무 막막하다고 그래서 포기해야겠다고 말하지 마라
나는 목에 칼을 쓰고도 탈출했고,
뺨에 화살을 맞고 죽었다 살아나기도 했다

적은 밖에 있는 것이 아니라
내 안에 있었다
나는 내게 거추장스러운 것은 깡그리 쓸어 버렸다
나를 극복하자 나는 칭기즈 칸이 되었다

* 이 시는 한 가닥의 희망도 꿈꿀 수 없는 가장 절망적인 상황에서 역사상 가장 넓은 영토를 지배한 칭기즈 칸에 대하여 김종래 조선일보 편집국 부국장이 쓴 것이다. 김종래 씨는 2002년 몽골에서 수여한 훈장을 받고 몽골 울란바토르 국립대학으로부터 명예 박사 학위를 받았다.

02

목표 달성을 위한 성공 전략

미래는 자신이 가진
꿈의 아름다움을 믿는 사람들의 것이다

– 델러노 루스벨트

꿈이 있는 사람은 아름답습니다

돈을 많이 가진 사람보다

돈을 많이 벌 수 있다는

꿈을 가진 이가 더 행복합니다

글을 잘 쓰는 작가보다는

글을 잘 쓸 수 있다는 꿈을 안고 사는 이가 더 아름답습니다

꿈은 인간의 생각을 평범한 것들 위로

끌어올려 주는 날개입니다

내일에 대한 꿈이 있으면 오늘의

좌절과 절망은 아무런 문제가 되지 않습니다

꿈을 가진 사람이 아름다운 것은

자신의 삶을 긍정적으로 바라보기 때문입니다

인생의 비극은 꿈을 실현하지 못한 것에 있는 것이 아니라

실현하고자 하는 꿈이 없다는 데에 있습니다

절망과 고독이 자신을 에워쌀지라도

원대한 꿈을 포기하지 않는다면 인생은 아름답습니다

출처 : 성공을 꿈꾸는 사람들의 모임

꿈과 비전이 중요하다 **9**

**꿈은 영원한 기쁨이자 부동산만큼이나
확실한 재산이며, 결코 써 버릴 수 없는 재산이고
해가 갈수록 활력을 주는 행운이다**

– 로버트 루이스 스티븐슨

꿈은 마음 속의 바람이나 이상을 말하며, 비전
(Vision)은 이루고 싶은 모습을 마음에 그린
상태를 말한다. 여기서 꿈은 비전이나 이상, 희망 등의
단어와 혼용해도 무방하겠다. 다만 비전은 영어라 그
런지 왠지 힘차 보이는 것 같고 꿈은 어딘지 나약한 느
낌을 준다. 그렇지만 나는 이 장에서 주로 '꿈'이라는

단어를 사용하여 '꿈'이라는 것을 더욱 힘차고 역동적 이면서도 긍정적인 희망의 단어로 만들어 보고자 한 다.

우리 나라가 월드컵 4강 신화를 창조할 때 운동장 응원석에 수놓아진 말이 '꿈은 이루어진다'였다. 그리 고 우리는 불가능하게만 여겼던 꿈을 이뤘다.

성공하는 삶은 항상 커다란 꿈과 함께 시작된다. 물 론 꿈이 태동할 때 우리는 가진 것 없는 빈털터리일 경 우가 많다. 하지만 그 빈 주머니가 꿈으로 가득 차 있 기만 하다면, 우리는 그 무엇보다 큰 자본으로 시작하 는 셈이다. 꿈이라는 밑천은 바닥을 드러내는 일이 없 으며, 오히려 계속 도전하도록 열정을 무한히 분출시 키는 에너지의 샘이다.

자신의 꿈이 명확하기만 하다면 그 꿈이 이루어질 수 있을지 없을지 의심할 필요가 없다. 따라서 꿈을 꾸

되 꿈을 자세히 적고, 꿈을 이루어 낼 시한을 정한 뒤 여러 여건을 면밀히 살펴서 구체적인 행동으로 실천해야 한다.

꿈을 꾸지만 이루지 못하는 이유는, 현실과 타협하며 꿈을 쉽게 포기하기 때문이다. 꿈을 간직하고 이루고자 노력한다면 꿈은 현실을 이겨 낼 힘을 준다. 꿈은 더욱이 기대하고 확신했던 일들이 실패해도 절망하지 않게 도와 준다. 그리고 그 꿈을 반드시 이루도록 계속 노력하게 만든다.

우리는 꿈 속의 주인공이 될 수 있으며, 꿈을 실현시킬 수도 있다. 인생에서 꿈을 좇는 일보다 더 중요하고 만족스러운 일은 없다. 반대로 자신의 꿈을 배반하고 꿈을 저버리는 경우보다 더 실망스러운 일도 없다.

우리는 꿈을 이루기 위해 살아야 한다. 그렇지 않으면 사는 일에 꿈을 맞추게 된다. 꿈은 북극성과도 같아야 한다. 어떤 환경에도 굴하지 않고 일관된 방향으로 나아가야 한다. 꿈과 타협해서는 절대로 안 된다. 자신의 꿈에 복종해야 하는 것이다. 꿈이 승리하는 날, 당신은 꿈의 지배자가 될 것이다.

사람의 잠재 능력은 그가 꿈꾸는 비전의 크기에 비례한다. 큰 꿈을 꾸는 사람은 크게 이루고, 작은 꿈을 가진 사람은 작게 이룬다. 인류 역사에 큰 기여를 하거나, 특이한 발자취를 남긴 이들이 큰 꿈을 가졌음을 기억하자.

꿈의 목록은 거창할수록 좋다 10

역경은 사람을 부유하게 하지는 않으나 지혜롭게 한다

– 풀러

헬렌 켈러는 생후 19개월 무렵 병을 앓아 시력과 청력을 모두 잃었다. 그녀는 가정 교사의 목 부분에 손을 대 진동을 느끼는 방식으로 말을 배워 마침내 래드클리프 대학까지 졸업했다.

그녀는 "앞을 못 보는 것보다 더 나쁜 일을 상상할 수 있느냐?" 라는 질문을 받고 "네, 앞을 보면서도 꿈이 없는 거지요!" 라고 대답했다. 그렇다. 꿈은 우리에게 어떤 어려움도 뚫고 나갈 수 있는 힘을 준다.

월트 디즈니는 어려서부터 펜과 종이가 유일한 친구였다. 그의 꿈은 만화로 성공하는 것이었다. 하지만 그는 광고 대행사에 취직했다가 '그림에 소질이 없다' 라는 이유로 해고당했다. 그리고 그가 차린 영화사는 1년 만에 문을 닫고 말았으며, 게다가 그가 탄생시킨 첫 캐릭터 '토끼 오스왈드'는 영화 배급자에게 뺏기고 말았다. 하지만 그는 결코 실망하지 않고 미키마우스를 그려 대박을 터뜨렸다. 그는 "꿈을 추구할 용기만 있다면 어떤 꿈이든 실현할 수 있다"고 말했다. 꿈은 끝없이 도전하게 만드는 힘을 주며 결코 포기하지 않게 만든다.

'힐튼 호텔'의 경영주인 힐튼은 미국 텍사스 주의 어느 작은 호텔에서 종업원으로 일하던 소년이었다. 어느 날 신문에 아스토리아라는 거대한 빌딩의 사진

이 실린 것을 보고 그 사진을 오려 자기 침대 머리맡에 붙여놓았다. 그러고는 날마다 '나도 이런 빌딩을 가질 수 있다' 라는 꿈을 가지고 생활했다. 몇 년 후, 그는 사진 속의 빌딩을 사들여 그 곳에 호텔을 개업했다. 그것이 그 유명한 힐튼 호텔이다. 꿈은 결코 현실에 얽매이지 않는다는 것을 보여준 실례이다.

이제 '꿈의 목록' 을 만들어 보자!

'꿈의 목록' 은 거창한 일이 아니라 평소 바라는 모든 것을 적는 것이다. 머리에 떠오르는 꿈은 무엇이든 적어 보라. 평생 소원이라고 생각하는 것, 하고 싶은 일, 되고 싶은 것, 갖고 싶은 것 등등을 목록에 다 포함시키기 바란다. 어떤 논리에 사로잡힐 필요는 없다. 현재는 그것들이 불가능하게 생각되어도 부담 없이 자신이 바라는 희망이나 욕망, 소원 등을 모두 적어 보라.

한꺼번에 다 작성되지 않아도 관계 없으며, 생각날 때마다 추가시켜도 좋다. 목록을 만들 때는 날짜를 기록해 두고, 좀 더 많은 꿈을 기록하기 위해 우리의 삶을 구성하는 인생의 각 영역별(가족, 사회, 정신, 지식, 경제, 건강 등)로 분류해서 적어 보라. 기록해야 할 꿈의 양이 많아지면 많아질수록 목표 선택의 폭이 넓어진다는 것을 의미한다.

꿈을 적을 때는 시각화가 되기 쉽도록 현재 시제로 쓰는 것이 좋다. 예를 들면, "과장이 된다", "금연한다", "결혼 전에 아파트를 산다", "내 차를 구입한다", "애처가가 된다" 등으로 쓰면 된다.

이와 같이 꿈을, ○○한다 또는 ○○된다 식으로 긍정적이면서도 적극적으로 표현하면 꿈이 점점 가까이 다가온다. 수시로 꿈의 목록을 확인하고 추가해서 적다 보면 꿈이 좀더 구체적으로 발전되기도 한다. 또 꿈에서 갖고자 하는 것이나 되고자 하는 사람에 대한 목표가 상향 조정되기도 한다. 예를 들면 위의 꿈들이 아래처럼 변할 수도 있다.

"부장이 된다"

"금연 운동가가 된다"

"자녀들과 함께 살 수 있는 40평 이상의 아파트를 구입한다"

"빨간 6기통 컨버터블 경주용 차를 구입한다"

"아내로부터 애처가 자격증을 받는다"

꿈의 목록을 작성할 때는 상상력을 마음껏 발휘하는 것이 바람직하다. 재력, 학력, 능력이 부족하다는 생각은 전혀 하지 말라. 어떤 구속도 받지 말고 생각나는 대로 적는 것이 중요하다. 꿈을 실현할 수 있는 방법을 찾는 것보다 그 꿈이 진실로 당신의 꿈이라는 것을 확인하는 과정이 더 중요하다.

당신의 꿈을 마음껏 표현하는 자유로운 경험에 빠져보라! 당신이 마음 속에 품은 것은 무엇이나 다 성취할 수 있다는 마음을 가져라! 꿈을 꾸는 것은 당신의 리더십 능력 향상에도 큰 도움이 된다. 일단 꿈을 꿔야 그 꿈을 실현시키기 위해 한 걸음이라도 내디딜 수 있기 때문이다.

꿈이 없는 리더는 생각조차 할 수 없는 일이다.

성공의 법칙(자아 혁명 프로그램) – 맥스웰 몰츠

1. 자신의 한계를 뛰어넘는 가장 강력한 무기인 자아 이미지부터 바꿔라
2. 내 안에 있는 성공 메커니즘을 작동시켜라
3. 상상력을 이용하라
4. '실패'나 '능력 부족'이라는 최면에서 깨어나라
5. 합리적으로 사고하라
6. 마음의 족쇄, 몸의 수갑을 모두 벗어던져라
7. 성공과 행복은 정신적 습관이다
8. 우리는 성공할 운명을 타고 났다
9. 부정적 사고를 역이용하라
10. 마음의 흉터에 성형 수술을 하라
11. 긍정적 자아의 고삐는 풀어 던져 버려라
12. 난공불락의 성공 자아를 구축하라
13. 위기를 연습하라. 반드시 승리할 것이다
14. 승리를 확신하라. 그대로 이루어질 것이다
15. 내 생명력의 수요를 끊임없이 창출하라

나만의 사명 선언서를 작성해 보자 **11**

당신이 태어난 이유를 찾아라
'무슨 사명을 이루기 위해 이 곳에 왔는가?'
하나님은 평범한 모든 사람들에게
자신의 목적을 달성할 수 있는 능력을 주셨다

– 마틴 루터 킹

나의 사명을 찾아 내라' 라는 말은 자신의 「사명 선언서」를 가지라는 말이다. 사명 선언서는 자신의 존재 이유를 확고하면서도 간략하게 요약한 진술서(기술서)이다. 이 진술서에 더욱 강력한 힘을 부여하기 위해 「사명 선언서」라고 부른다. 사명 선언서는 자신의 인생 철학 내지 신조를 작성하는 것이라고 할 수 있다.

오늘날처럼 급변하는 환경에 대처하는 능력의 관건

은 나는 누구이며 왜 사는가, 무엇을 하려 하며 무엇을 가장 가치 있게 생각하는가 등 인생의 의미와 목적을 명확하게 하는 인생 가이드에 달려 있다. 그런데 이 인생 가이드가 바로 사명 선언서이다. 사명 선언서는 분량에 관계 없지만 자신이 하는 행동의 전반적인 방향에 일관

나의 사명 선언서

▶ 나의 꿈과 비전을 바탕으로 "나는 왜 사는가?", "나는 어떤 사람이 되고 싶은가?", "나는 무엇을 가치 있게 생각하는가?", "나는 어떤 사람으로 기억되기를 원하는가?", "나는 어떤 것들을 명확히 정한 후에 그것을 어떻게 달성할 것인가?" 등을 우선 고려해야 한다. 그러고 나서 자신이 생각하는 인생의 의미와 목적을 명확하고 강력하게 표현한 사명 선언서를 작성하라.

성을 유지하며 목표에 초점을 맞추어야 하므로 보통 간략한 문장으로 쓰는 게 좋다.

스스로 발전해 가는 동안 사명 선언서를 바꿀 필요가 생기면 과감하게 바꾸어도 괜찮다. 일단 명료한 사명 선언서를 갖게 되면 인생의 목적이 명백하고 확고해진다. 그리고 자신의 의사 결정과 목표 설정이 스스로 결정한 인생 방향에 합당한지를 판단하는 기준을 갖게 된다.

사명 선언서는 자신의 가치 체계를 종합적으로 표현한 것이기도 하다. 작성된 사명 선언서는 자신의 눈에 항상 보이는 장소를 찾아 부착하고, 수첩이나 지갑에도 넣고 다니면서 어떤 결정과 행동의 판단 기준으로 활용하라. 처음 사명 선언서를 작성하려면 어떻게 작성해야 하는지 난감한 경우가 있으므로 나의 사명 선언서를 참고로 소개한다.

"나의 인생 사명은 가정을 비롯해 내가 속한 모든 조직 구성원에게 꼭 필요한 존재가 되는 삶을 사는 것이다. 나의 인생 최고 목표는 다른 사람으로부터 존경받는 것이다. 그러기 위해서 내가 먼저 남을 이해하고 존경할 수 있도록 노력하고 거기서 참된 나를 발견하겠다.

나아가 내가 평생 국가와 사회로부터 받은 혜택을 환원한다는 차원에서 내가 그 동안 습득한 모든 지식과 경험을 다른 사람들에게 전파하겠다. 또 그들이 나보다 더 행복하고 성공적인 삶을 영위할 수 있도록 최선을 다하겠다.

따라서 나는 가족과 국가와 사회를 위하는 일을 비롯하여 봉사하는 일, 남을 가르치는 일 그리고 나의 발전을 위하는 일에 시간과 노력을 아낌없이 바치고 다른 일에 우선하여 시행하겠다."

이런 사명 선언서는 자신과 맺은 약속이며 자신의 꿈, 비전, 가치, 목표 등에 가교 역할을 해 준다. 훌륭한 사명 선언서는 자신의 가장 깊은 내면에 있는 바람을 그대로 나타낸다. 자신에게 인생을 사는 의미를 부여해 주고 목표를 명확히 인식시키며, 의외로 가치 있고 의미 있는 목표를 설정하는 데 강한 동기가 된다. 또한 항상 영감을 불러일으켜 자신을 일깨우는 능력을 드러낸다.

대개 위에서처럼 사명 선언서 같은 것을 예시하면 많은 사람들은 예문에 얽매여 자신의 것을 창의적으로 작성하지 못하는 경우도 있다. 그래서 또다른 형식의 사명 선언서라고 할 수 있는 '마하트마 간디의 결의' 내용을 소개한다.

마하트마 간디의 결의

매일 아침 일어나자마자 오늘을 아래와 같이 행동하 겠다고 결의할 수 있게 해 주소서 :

1) 나는 지구상의 어느 누구도 두려워하지 않을 것이 다

2) 나는 오직 신만을 두려워할 것이다

3) 나는 누구에게도 악한 마음을 품지 않을 것이다

4) 나는 어느 누가 말해도 부정한 행위라면 따르지 않 을 것이다

5) 나는 진실로 거짓을 정복할 것이다

6) 그리고 거짓을 물리치는 과정에 따르는 모든 고통 을 견뎌 낼 것이다

사명 선언 작성 단계

1. 자신이 되고 싶은 미래의 모습 규정

   - 자신이 되고 싶고, 하고 싶고, 가지고 싶은 것 등

2. 자신의 가치 재조명

   - 자신의 인생에서 가장 우선시 되는 영역 설정

   - 자신이 평생 지키려 하는 가치 발견

3. 사명을 수행할 전략과 방법 규정

4. 사명 선언서 초안을 작성하고 기록

나의 강점은 과연 무엇인가 **12**

우리를 억누르고 있는 것은 바로 우리 자신이다
이 사실을 깨닫기 전까지 우리는 약한 존재일 수밖에 없다

– 로버트 프로스트

모 든 사람은 나름대로의 강점을 가지고 있다.
다른 사람에게 아무것도 아닌 것이 자신에게
는 강점이 될 수 있고, 다른 사람에게 강점이 되는 것
이 내게는 아무것도 아니거나 오히려 약점이 되기도
한다.

누가 먼저 자신의 강점을 확실히 인식하고 그 강점

을 이용해 목표를 계발하고 목표 달성을 향해 최선의 노력을 경주하느냐에 따라 성공의 성패 여부가 달려 있다.

자신의 강점이 무엇인지 잘 떠오르지 않아 스스로에 대한 질문이 필요할 때도 있다.

예를 들어 건강 측면에서 강점을 생각할 때 내가 채식을 좋아하는지 육식을 좋아하는지는 자신만이 아는 사항이다. 채식을 좋아하면 강점란에 "나는 채식을 좋아 한다"라고 적으면 된다.

또 다른 예를 들면

"나는 하루에 잠을 5시간만 자면 생활에 전혀 지장이 없다"

"나는 항상 긍정적인 사고를 가지고 있다"

"나는 술을 좋아하지 않는다"

"나는 담배를 피우지 않는다"

"나는 규칙적인 운동을 한다"

"나는 매일 아침 조깅을 한다"

"나는 주말마다 등산을 한다"
등의 내용도 강점이 될 수 있다.

강점과 장점이 어떻게 다르냐
고 물을 필요는 없다. 단지 어감
상 장점이라고 하면 다른 사람들이 인정하는 좋은 점
정도로 인식된다. 그런데 강점이라고 하면 어딘지 강
한 느낌이 들어 자기에게 힘을 불어넣는 느낌 때문에
장점 대신 강점이라는 용어를 쓴다. 그러므로 장점을
강점이라고 생각하고 쓰면 될 듯하다.

자신의 강점을 적으면 몇 가지 이익이 생긴다. 우선
자신의 잠재 역량을 파악할 수 있다. 즉 글로 써 나가
면 아주 놀라울 정도로 자신의 강점이 많은 것을 느낄
수 있다.

강점이 없으면 만들어라!

자신의 강점은 목표 달성에 대한 강한 자신감과 함
께 동기 부여의 요소가 되기도 한다. 강점은 때때로 목
표 수정에 도움이 된다. 목표는 한 번 설정했다고 영원

히 변하지 않는 것이 아니다. 주변 여건과 환경에 따라 목표를 좀더 높게 잡을 수도 있고, 더 낮게 잡을 수도 있다.

철학자 칼라일은 "가장 낮은 곳에 가장 높은 곳으로 올라가는 길이 있다"고 말했다. 하지만 이 길을 따라 가려면 정상의 목표에 다가갈 수 있도록 해 주는 것만을 바라보아야 한다. 별로 중요하지 않는 것에 소요되는 시간은 되도록 줄이고 삶을 충만하게 만들 수 있는 것만 바라보도록 노력해야 한다. 시간은 돈이라는 말도 있듯이 내가 해야 할 여러 가지 일 가운데 무엇이 가장 중요한 일인지 우선 순위를 잘 판단해 시간을 사용해야 한다. 그래서 우리는 하루에도 몇 번씩 시간을 어떻게 사용하고 있는지 스스로에게 물어 봐야 한다.

오늘날 하루하루는 너무 복잡할 뿐만 아니라 너무나 바쁘다. 낭만과 휴식은 없고 소음과 분주함만 가득하다. 이 세상은 우리에게 너무나 많은 것을 요구한다. 그것들을 다 수용하다 보면 에너지만 고갈될 뿐 정작

남는 건 아무것도 없다.

우리의 삶은 지나가는 시간과 날들이 합해진 것이다. 그렇지만 우리는 너무나 안일하게 이 시간들을 흘려보낸다. 시간이 살아 숨쉬도록 해야 하는데 오히려 죽이고 있다. 그러므로 "내가 지금 하고 있는 일이 정말 중요한 일인가? 또 나의 강점을 살리는 길이며, 지금 반드시 해야 되는 일인가?" 하는 질문을 스스로에게 한다. 그리고 나서 대답이 '지금 하는 일이 중요하기는 한데 다른 더 중요한 일을 해야 한다'든가 또는 '아니오'라고 돌아온다면, 당신은 현재 하고 있는 일을 반드시 점검해야 한다. 그래서 '예'라고 말할 수 있는 일이나 당신 마음 속에 '예'라고 생각되는 그 일을 바로 시작해야만 한다.

『성공의 공통분모 (The Common Denominator of Success)』의 저자 E. M. Gray는 성공하려면 열심히 일하거나 운이 좋거나 인간 관계가 좋아야 하는 것 등이 필요하지만 이것들이 꼭 필요한 성공 비결은 아니라고 했다. 가장 중요한 성공 비결은 "소중한 것을 먼저 행하는 것"이라고 주장한다. 한편, 로슈푸코는 "사소한 일에 지나치게 많은 관심을 쏟는 사람들은 위대한 일을 할 수 없다" 라고 말했다.

오직 당신만이 성공을 향한 자신의 길을 결정할 수 있다. 그 결정은 당신이 해야 할 가장 중요한 도전이다. 에머슨은 "정원사가 나무에 가지치기를 해 주어 가장 굵은 한두 개의 가지만 자랄 수 있도록 해 주는 것처럼 잡다한 일은 모두 잘라 내고 한 가지 혹은 몇 가지 중요한 일에 온 힘을 집중해야 한다"고 충고했다. 이 말의 의미를 곰곰이 음미할 필요가 있다.

'학업을 더 계속할 것인가 아니면 취직을 해야 할 것인가' 의 결정도 여러 가지 여건을 고려해 자신이 결정해야 하는 일이다. 그런데 결정한 뒤의 삶은 예상했던 것 이상으로 엄청나게 달라질 수 있다. '나에게는 과연 무엇이 중요한 일인가?' 라는 질문에 대한 답은 당신만이 할 수 있다. 평소에 이런 것을 생각해 적어 놓지 않으면 목표 설정을 할 때 혼란을 불러일으킬 수 있다. 선택의 자유는 당신 것이지만 그에 따른 책임도 당신이 져야 한다.

　삶을 살아나가는 데 있어서 우리는 통상 어느 한쪽에 너무 치우친 삶을 사는 경우가 많다.

　평생을 일만 하고 살다 보니 가정을 너무 소홀히 해서 자식들이 비뚤어진 사고를 가지게 되었다든가 부부가 이혼하게 되었다든가 하는 이야기는 흔히 들을 수 있는 이야기다. 삶의 전반적인 분야에서 어느 한 편에만 치우치지 않고 비교적 균형 있게 삶을 운영해 나가려면 앞에서 말한 인생의 각 영역 별로 자기에게는 진정 무엇이 중요하고 우선하는 것인지 차분히 생각하며 그 항목을 적어 보라.

　예를 들면, "나에게는 지금 아침에 일찍 일어나는 일이 중요하다"

　"나에게는 지금 가능한 한 빨리 국방의 의무를 마치는 것이 중요하다"

　"나에게는 지금 직장을 구하는 것이 중요하다" 등

으로 표현하면 될 것이다.

　때로는 간략하게 '아침에 일찍 일어나는 일', '국방의 의무를 마치는 것', '직장을 구하는 것', '논문 작성 및 통과', '경제적 자립', '승진하는 일', '결혼하는 일' 등의 표현도 무방하다고 생각한다.

　나는 현재 나에게 중요한 것들을 다음과 같이 정리하고 있다.

밀줄 쫘악―

창조성을 발휘하는 5가지 방법 – 맥스웰 몰츠

1. 일단 결정하면 되돌아보지 말고 실천에 온 힘을 기울여라
2. 오직 '지금'과 '현재'에 초점을 맞춰라
3. 한 번에 한 가지 일만 하라
4. 하룻밤 자고 나서 다시 생각하라
5. 일하는 동안에는 긴장을 풀어라

재정/직업면	대학 강의를 하는 것
가족/가정면	화목하고 즐거운 가정을 유지하는 것
정신/윤리면	내 양심에 비추어 허물없이 사는 것
사회/문화면	조직에 꼭 필요한 존재가 되는 것
지식/교육면	박사 학위 획득
신체/건강면	체중 65kg 이하 유지

성공하는 시간 관리와 인생 관리를 위한 10가지 자연 법칙

1. 시간을 잘 관리하면 인생을 잘 관리할 수 있다

2. 성공과 자아 실현의 토대는 지배 가치다

3. 일상 활동에서 지배 가치에 따라 행동하면 마음의 평화를 얻는다

4. 더 높은 목표에 도달하려면 현재의 편한 상태에서 벗어나야 한다

5. 일일 계획의 수립과 실행은 집중력과 시간 활용도를 높여 준다

6. 행동은 자신에 대한 진실한 믿음의 반영이다

7. 믿음과 현실이 일치할 때 욕구를 실현할 수 있다

8. 그릇된 믿음을 바꾸면 부정적인 행동을 극복할 수 있다

9. 자부심은 자신의 내면으로부터 나와야 한다

10. 더 많이 주면 더 많이 얻는다

– 하이럼 스미스

꿈, 목표, 사명, 강점을 하나로 **13**

내가 해야 할 일은 내게 중요한 일이지
다른 사람들이 중요하게 생각하는 일이 아니다

– 에머슨

꿈의 목록은 당신의 능력과는 관계 없이 당신이 바라는 모든 것을 적어 놓은 것이다. 그러므로 꿈이 곧바로 당신의 목표가 될 수는 없다. 꿈이 너무 현실과 동떨어진 것이어서 목표로 설정하기에는 적절하지 않은 것도 있다. 그러나 꿈을 목표로 할 수 없다고 해서 걱정할 필요는 없다. 꿈이 하나하나 목표로 설정되어 달성되기 시작하면 불가능하게만 보였던 꿈들도 점차 목표가 될 것이다.

　당신이 목표 설정을 하려면 꿈의 목록과 가치 체계를 나타내는 사명 선언서가 필요하다. 그리고 당신의 강점과 평소 중요하다고 생각하는 일들을 종합해야 한다. 당신의 가치 체계를 토대로 현재 상황을 비교 분석해 스스로에게 질문을 던지면 자기가 생각하는 인생의 각 영역별로 어떤 목표를 가장 먼저 선택해야 하는가를 결정하는 데 큰 도움이 된다. 당신의 가치 체계와 맞지 않는 목표가 설정되면 그 목표는 달성하기 어렵기 때문에 사명 선언서가 더욱 중요하다. 또 당신의 강점은 당신이 설정한 목표가 달성될 수 있도록 돕는데 큰 기여를 하게 된다.

　만약 목표 달성에 실패하더라도 결코 실망하거나 좌절해서는 안 된다. 성공에 있어서 최대의 장애 요소는 실패를 두려워하는 것이다. 실패에 대한 두려움은 소심한 성격을 만들어 낸다. 어떤 일을 하다가 실패하더라도 이를 다시 시도하는 일이야말로 정상적인 배움의 과정이라고 할 수 있다. 실제로 우리가 두려워해야 할 가장 큰 문제는 실수를 저지르는 행위가 아니라 저지르지 않으려고 움츠리는 것이다.

꿈의 목록

사명선언서

나의 강점

'실패는 성공의 어머니' 라는 말을 우리는 수없이 들어 왔다. 성공하는 사람은 실패를 거쳐야 할 과정으로 인식하며 실수와 실패를 자신만의 독특한 경험으로 간주한다. 따라서 실

나의 목표

■단기 목표 :   월 일

■장기 목표 :   월 일

패란 두려운 것이 아니라 호기심을 갖고 "왜 실수를 저지르게 되었는가? 그 실수로부터 배울 수 있는 것은 무엇인가? 바로잡아야 할 일은 무엇인가?" 하는 식으

로 대응해야 한다.

실수란 성공을 위한 이정표이며, 모든 목표 중에서 가장 달성하기 어려운 궁극적인 목표다. 즉 완전으로 나아가는 길을 끊임없이 제시해 주는 방향 탐지기라 할 수 있다. 실패와 실수를 즐기고 좋아하는 사람은 아무도 없다. 그러나 실패와 실수를 배우는 과정에서 나타난 길잡이로 간주한다면 그것들은 당신을 더 강하게 만들어 주는 역할을 틀림없이 할 것이다.

밑줄 쫙악~

처음 시작할 때는 3~5개의 목표만이라도 선정해 보라. 나중에는 이 목표들을 달성시킴에 따라 목표들을 다른 것으로 바꿀 수도 있다.

목표가 일단 선정되었으면 '이런 목표를 달성하기 위해 그만한 시간과 노력과 돈을 들일 가치가 있는가?'를 스스로에게 물어 보라. 만약 '아니오'라는 대답이 나오면 그 목표는 잠시 유보시켜 놓는 것이 바람직하다. 만약 '예'라는 대답이 나오면 이번에는 '나의 사명 선언서'에 명시된 가치체계에 부합되는 것인지를 확인해 보라. 당신에게 진정으로 성공의 의미를 부여하는 목표, 당신에게 강력한 욕망을 불러일으키는 목표, 바로 그런 목표가 꼭 필요하다.

큰 목표 달성을 위한 작은 목표의 설정 14

천릿길도 한 걸음부터

– 속담

어린 아기가 자라면서 거치는 과정이 우리 인생이 걸어가야 할 길을 설명해 주는 것처럼 보인다. 어린 아기가 커서 달리기를 할 수 있을 때까지를 한번 살펴보자. 세상 어디에도 태어나면서부터 달릴 줄 아는 사람은 없다.

아이들은 달리기 위해 처음에는 뒤집기부터 한다.

달리는 것이 큰 목표라면 뒤집는 것은 작은 목표가 될 것이다. 뒤집은 다음에는 기기 시작한다. 온몸으로 기는 것이 좀 발전하면 배로 기다가 나중에는 무릎으로, 다음에는 무엇인가를 잡고 일어나려고 하며, 차츰 혼자 일어나다 넘어지기를 반복한다.

우리는 어렸을 때부터 실패를 많이 하면서 자랐다. 만약 우리가 걷다가 넘어지는 것을 겁내고 그 뒤로는 걸으려고 하지 않았다면 오늘날의 우리가 존재하겠는가. 어린 아이가 혼자 일어서기 시작하면 어느 새 한 발작씩 걷기 시작하고 더 발전하면 뛰어다닌다.

"큰 목표 달성을 위한 작은 목표를 설정하라"는 말은 일반적으로 사람들은 하나의 작은 목표라도 달성하면 그 성취감 때문에 행복을 느껴 자신감을 가지기 때문이다. 처음 목표를 설정할 때는 목표 달성을 위한 작은 목표를 먼저 설정해야 한다. 이것은 목표 설정의 원칙이 아니라 목표 달성을 통해 성취감을 자극시킴으로써 다음 목표로 나아가기 위한 하나의 전략이라고 할 수 있다.

예를 들어 만약 당신이 지적 수준을 높이기 위해 "매주 책을 1권씩 읽겠다"는 목표를 세웠다고 하자. 책을 읽으려면 독서 시간을 할애해야 한다. 당신이 하루에 2시간씩만 할애하면 매주 책을 1권씩 읽을 수 있다고 할 때 "나는 하루에 2시간씩 반드시 책을 읽는다"는 목표를 세우면 이것은 작은 목표에 포함되는 셈이다.

나아가 당신은 늦잠 자는 습관도 고칠 겸 아침 8시쯤 일어나곤 했던 것을 6시에 일어나서 2시간을 독서하는 데 사용하기로 했다면 '늦어도 아침 6시에는 일어난다'는 목표는 더 작은 목표인 셈이다.

이처럼 목표 달성을 위한 작은 목표를 설정하면 목표가 더욱 구체화된다. 또 목표를 단계적으로 시행해 목표를 달성시키면 상위 목표는 저절로 달성된다. 뿐만 아니라 더 큰 상위 목표를 창출할 수 있도록 돕는 역할도 한다.

효과적인(SMART) 목표의 특징

1. 구체성(Specific) : 무슨 일을 해낼 것인지 정확하게 표현하고 있다

2. 측정 가능성(Measurable) : 확실한 사건과 날짜가 정해져 있다

3. 행동 지향성(Action-oriented) : 해야 할 일들을 확실히 정하고 있다

4. 현실성(Realistic) : 주어진 여건에 상관 없이 이룰 수 있는 목표다

5. 적시성(Timely) : 허용된 시간이 합리적이고 너무 길지 않다

목표 사다리를 왜 올라가는가 **15**

당신이 할 수 있는 것과 할 수 있다고 꿈꾸는 것은 무엇인가?
바로 그것을 시작하라
용기 속에 천재성과 힘, 그리고 마법이 들어 있다

– 헬렌 켈러

지금까지 우리는 우리의 감성을 작동시켜 이루고 싶은 꿈을 펼쳐 보았다. 그리고 그 꿈을 실현하기 위한 목표를 세워 보았다. 이제는 목표 달성을 위한 우리의 불타는 열정을 불러 내 기필코 목표를 달성해야 한다.

어떻게 하면 불타는 열정을 불러 낼 수 있을까? 무엇

이 열정을 만드는가?

강렬한 성취 욕구가 목표 달성에 필요한 열정을 만든다는 것이 일반 사람들의 견해다. 성공의 열매를 따겠다는 강렬한 성취 욕구는 목표를 성취했을 때 개인적으로 얻게 되는 이익과 혜택으로부터 나온다.

때로는 보상이라고 일컬어지는 목표 달성에 따른 열매는 당신이 목표를 향하여 어떤 일을 하게 만드는 이유이다. 이것이 목표 사다리를 올라가게 도와 준다.

'목표'라고 하는 단어는 당신이 그것을 성취했을 때 당신에게 돌아오게 되는 내적인 이익과 혜택을 뜻하기도 한다. 만일 목표 달성에 따른 이익과 혜택이 없다면 당신은 목표를 올바르게 설정하지 못한 것이다. 이익과 혜택이 없는 목표는 목표가 될 수 없다. 그것은 목표라고 할 수도 없다.

이익과 혜택은 여러 가지 형태로 나타나는데 실제적이고 구체적인 것처럼 보이기도 한다. 또는 막연한 '만족감의 증가'처럼 애매모호하게 표현될 수도 있다.

어쨌든 당신이 생각하기에 목표 달성이 가져다 주는 이익이나 혜택으로 생각되면 만족스러운 일이다.

등반가 조지 레이 멀로리(George Leigh Mallory)가 "왜 당신은 에베레스트 산을 등반했느냐"는 질문을 받았을 때 "그것이 거기 있기 때문"이라고 대답한 것처럼 당신도 논리적으로는 이익과 혜택을 열거하기 어려울지도 모른다.

목표 달성으로부터 오는 이익과 혜택의 결과들을 체계적으로 적어 보는 것도 목표 달성을 위한 실천 계획의 하나이다.

예를 들어 당신이 "이번 학기에는 전 과목 A를 받는다"는 목표를 달성한다고 했을 때 나타나는 이익과 혜택은 다음과 같을 수 있다.

1) 나는 장학금을 받게 된다. 가정 형편이 어려운데 조금은 도움이 될 것이다.

2) 나는 졸업하면 대기업에 스카우트될 것이다.

3) 나의 능력을 보여 주는 좋은 기회가 되며, 자아 실현과 같은 뿌듯한 감동을 즐기게 된다.

4) 남들이 나를 총명하고 적극적인 학생으로 평가할 것이고, 그 결과 나는 자부심과 자존심을 느끼게 된다.

노력의 열매인 이런 이익과 혜택을 예상하고 목표를 작성하는 일은 목표 실천을 위한 동기를 강화시키고 열정을 불러일으킨다. 그것은 당신을 자극하여 성취를 향한 노력을 배가시킨다.

당신이 실천 계획상에 이익과 혜택을 적는 것은 목표 달성을 향한 열정을 불태우는 데 확실한 효과가 있다. 때때로 그것을 다시 들여다보면 열정이 강화된다. 그리고 그렇게 형성된 열정은 더욱 확실한 성취를 이루도록 한다. 다시 말해 이익과 혜택 목록은 목표가 달성될 때까지 목표를 향한 궤도상에 똑바로 머무를 수 있도록 끊임없이 역동적인 에너지를 공급할 것이다.

밑줄 쫘악 ─

성공 메커니즘을 작동시키는 5가지 원칙

1. 목표를 설정하라
2. 메커니즘이 원활하게 작동해서 이루어진다는 점을 믿어라
3. 실수나 실패에 연연하지 말고 긴장을 풀어라
4. 성공적인 반응만을 기억해 모방하는 학습을 하라
5. 실천하라. 성공을 확신할 때까지 행동을 미뤄서는 안 된다

100만 달러짜리 성공 계획

1. 생각을 명료하게 하라
   성취하고자 하는 구체적인 목표를 결정하라. 그런 다음 십자군의 전사와 같은 치열한 열정과 확고 부동한 목적 의식을 갖고 그 목표를 달성하는 데 전념하라

2. 목표 달성을 위한 계획을 세우고 최종 시한을 정하라
   매시간, 매일, 매월, 목표 달성의 경과를 신중하게 계획하라. 체계화된 활동과 지속적인 열정이야말로 힘을 샘솟게 하는 원천이다

3. 인생에서 원하는 것들을 충심으로 구하라
   불타는 욕구는 인간의 모든 행동에 최고의 동기를 불어넣는다. 성공하고자 하는 욕구는 '성공 의식'을 심어주고, 그것은 점점 힘차게 증강되는 '성공 습관'을 불러일으킨다

4. 자신의 능력에 대한 최상의 확신을 가져라
   실패 가능성을 염두에 두지 말고 모든 활동을 시작하라. 자신의 약점 대신 강점을, 자신의 문제점 대신 능력에 집중하라

5. 장애와 비난과 여건이 어떠하든, 또 남들이 어떻게 말하고 생각하고 행동하든, 자신의 계획을 관철시키겠다는 집요한 결의를 품어라
   끊임없이 노력하고 주의를 기울이며 힘을 집중시키겠다는 결의를 다져라. 기회는 기다리기만 하는 사람에게는 결코 오지 않는다. 싸워서 쟁취하고자 하는 사람만이 기회를 붙잡을 수 있다

   - 폴 J. 마이어

역경과 장애를 만나도 해법은 있다 16

목표 사다리에 오르지 못하는 이유와 해법을 찾아라
정상으로 가는 길은 거칠고 험하다

– 세네카

글로 쓴 목표를 살펴보고 '이것이 진정으로 내 인생에서 얻고자 하는 중요한 것이었다면 왜 지금까지 달성하지 못했는가?'라는 질문을 스스로에게 해 보라. 아마 대부분은 자신의 책임보다는 외부의 여건 때문이었다고 대답할 것이다. 하다 못해 '운이 없었기 때문'이라고 대답하는 사람도 있다. 목표 달성의 실패 원인을 운명 탓으로 돌려서는 안 된다. 그렇지만 성공을 향한 원대한 목표도 시행 착오가 있기 마련이다.

　성공의 열매를 따려면 목표 사다리를 올라가야 하는데 무서워서 못 올라갈 수도 있다. 또한 당신이 목표를 끝까지 달성시키는 것은 생각보다 어려울지도 모른다. 당신은 목표를 향해 가다가 역경과 장애를 만날 수도 있으며 그것들은 목표를 포기하고 더 쉬운 길을 택하라고 당신을 유혹한다. 그런데 그런 장애 요인을 미리 안다면 피해 가거나 제거해 버릴 수도 있다.

　장애 요인을 미리 예상해 보면 그것을 찾을 수 있을 것이다. 자신이 설정한 목표가 여러모로 실천할 만한 충분한 가치가 있는 바람직한 목표라면 이제 자신에게 질문을 던져 보라.

　'이것이 내가 진정으로 인생에서 얻고자 하는 중요한 것인데 왜 아직까지 얻지 못했는가?'

　'지금까지는 심각하게 고려해 보지 않았다'

'목표를 달성하고자 하는 열정이 없었다'

'외부의 상황이나 여건이 좋지 않았다'

'집에서 적극적으로 지원해 주지 않았기 때문이다'
등등이 일반적인 답변이다. 때때로 운이 나빴기 때문
이라고 대답하는 사람도 있다. 이와 같은 대답은 비난
의 대상을 자신 이외의 원인에 전가시키거나 운명 탓
으로 돌려버리는 태도를 반영한다.

우리는 목표 달성의 실패 요인을 외부에서 찾을 게
아니라 우리 주변에서 찾아야 한다.

이제 위에서 자신에게 했던 것과 비슷한 질문을 통
해서 목표 달성을 방해했던 요인들이 무엇인지 알아
보자! 설정한 목표가 분명히 내가 바라는 것이라는 전
제 조건하에 '그럼 나는 왜 지금까지 이것을 아직 얻
지 못했는가?', '목표 달성을 방해하고 있는 상황과
조건은 무엇인가?', '내가 아직도 목표를 달성하지 못
한 이유는 무엇인가?' 등 당신이 극복해야 할 장애물
을 찾아 제거하기 위해 스스로에게 더 많은 질문을 해

야 한다. 이런 질문을 통해 발견되는 목표 달성 장애물을 모두 적어 놓아야 한다.

예를 들어 나는 56세에 "3년 안에 행정학 박사 학위를 획득한다"는 목표를 세우고 장애 요인으로 다음과 같은 내용을 예상했다.

1) 등록금 등 돈이 너무 많이 든다.

2) 이제야 박사 학위를 받아 어디에 쓸 것인가에 대한 설득 논리가 부족하다.

3) 공직에 있을 동안은 여러 시간적 제약이 따를 것이다.

4) 나이가 많아서 이해력, 분석력, 판단력, 집중력 등이 떨어져 학업 내용을 못 따라 갈 수도 있다.

5) 가족들의 반대에 부닥칠 수 있다.

그런데 이상한 것이 장애 요인을 적어 놓고 보면 각 사항에 따른 해결책이 생각난다는 것이다. 일단 문제점을 정확히 알기만 하면 그 문제는 반드시 해결될 수 있다는 말과 같다. 따라서 목표 달성을 향한 길에 놓여 있는 장애물을 알기만 하면 반드시 제거할 수 있으며, 목표는 자연히 달성된 것이나 다름없다고 할 수 있다.

반대로 장애물을 모두 확인할 때까지는 목표를 달성하기 어렵다고 해도 틀린 말이 아니다. 처음에 작성할 때는 장애물이라고 생각했는데 큰 장애 요인이 아니라고 생각되면 그냥 빼버리면 된다. 그런데 진짜 문제가 되는 것은 목표 달성에 장애를 일으키는 원인을 발견하지 못하는 경우다.

밑줄 짜악~

목표 달성에 대한 실패는 외부에 원인이 있는 게 아니라 자신 속에 잠재되어 있는 잘못된 인식의 결과라는 것을 인정하자. 그리고 목표란 해낼 수 있다는 자신감만 있으면 반드시 달성할 수 있다는 점을 명심하기 바란다.

성공하는 사람들의 7가지 습관

1. 주도적이 되라

2. 목표를 확립하고 행동하라

3. 소중한 것부터 먼저 하라

4. 상호 이익을 추구하라

5. 경청한 다음에 이해시켜라

6. 시너지를 활용하라

7. 심신을 단련하라

– 스티븐 코비

목표 사다리를 만들기 위한 세부 계획 **17**

'할 수 있다. 잘될 것이다' 라고 결심하라
그리고 나서 방법을 찾아라

– 에이브러햄 링컨

사다리는 한 번에 끝까지 올라갈 수 없다. 2층까지 한 번에 오를 수 없는 것처럼 목표를 설정했다고 해서 목표가 한순간에 성취되는 것은 아니다. 목표를 성취하려면 목표에 이를 수 있는 세부적인 실천 계획을 단계적으로 수립해야 한다. 단계적 실천 계획은 앞에서 검토했던 장애 요소에 대한 구체적 해

결 방법을 계획에 포함시켜야 된다.

단계적 실천 계획은 장기 목표뿐만 아니라 단기 목표를 성취하기 위해서도 필요하다. 실천 계획 가운데 일부 항목은 거의 동시에 완료되어야 하는 것도 있다. 또 반드시 어느 항목이 실천된 뒤에야 실천할 수 있는 것도 있다.

실천 계획의 수립은 자신의 목표를 확실하게 성취할 수 있도록 세부 계획을 세우는 것이다. 그러므로 규격화된 어떤 형식보다는 실천 가능한 계획이 더 중요하다. 그러나 목표 달성을 위한 동기 부여를 하려면 실천 계획의 내용들이 언제까지 실천되어야 하는지 시한을 반드시 표시해야 한다. 시한이 없으면 목표 달성을 위한 노력이 지지부진해지기 때문이다.

그러나 시한을 너무 촉박하게 설정하여 너무 무리하게 실천 계획을 작성하면 실행하기 어려우므로 주의해야 한다. 무리한 계획을 세우지 말라는 것은 계획을 실천하는 도중에 포기하려는 마음이 생기지 않도록 여유 있는 계획을 수립하라는 뜻이다. 실천 계획대로 실행하다가 힘들어서 한 항목이라도 중도에 포기하는 경우에는 목표 자체의 성취가 문제될 수 있다.

다음은 하루에 담배를 한 갑 이상 피우던 사람의 '한 달 내에 금연' 목표를 이루기 위해 단계별로 세운 실천 계획의 '예'이다.

1) 일주일 이내로 금연 관련 서적 1권 이상을 읽고 비디오테이프를 구해 시청한다.

2) 앞으로 일주일 간 집에서는 담배를 안 피운다.

3) 집에서 담배를 안 피우는 것이 이루어지면 그 후 일주일 간은 하루 반 갑으로 줄이고 절대 다른 사람의 담배를 얻어 피우지 않는다.

4) 일주일 후부터 목표를 달성할 때까지 담배를 피우고 싶으면 금연초를 대신 입에 문다.

5) 내일부터 비상용으로 날마다 껌과 은단을 호주머니에 넣고 다닌다.

6) 3주째부터는 담배 피우는 친

구들과 당분간 어울리지 않는다. 그리고 금연했음을
주위에 알린다.

7) 4주째부터는 실제로 담배를 피우지 않고 버틴다.

단계별 실천 계획에서 반드시 필요한 시한의 표시는
앞의 예에서 보듯 '일주일 이내' 또는 '2주일 후부터'
라는 식으로 작성해도 된다. 하지만 '몇 월까지' 또는
'몇 월 며칠까지' 등으로 표시하는 것이 더 효과적일
때가 있다.

'언제 한번'이란 시간은 존재하지 않습니다

이런 약속 지켜보신 적이 있으십니까?
언제 한번 저녁이나 함께 합시다
언제 한번 술이나 한 잔 합시다
언제 한번 차나 한 잔 합시다
언제 한번 만납시다
언제 한번 모시겠습니다
언제 한번 찾아뵙겠습니다
언제 한번 다시 오겠습니다
언제 한번 연락드리겠습니다

언제부터인가 우리들의 입에 붙어버린 말 '언제 한번',
오늘은 또 몇 번이나 그런 인사를 하셨습니까
악수를 하면서, 전화를 끊으면서, 메일을 끝내면서
아내에게, 아들딸들에게, 부모님께, 선생님께,
친구에게, 선배에게, 후배에게,
직장 동료에게, 거래처 파트너에게……

'언제 한번'은 오지 않습니다
'오늘 저녁 약속'이 있느냐고 물어 보십시오
'이번 주말'이 한가한지 알아보십시오
아니 '지금' 만날 수 없겠느냐고 말해 보십시오
'사랑'과 '진심'이 담긴 인사라면,
'언제 한번'이라고 말하지 않습니다
사랑은 미루는 것이 아닙니다

　　　　－ 조선일보 2003.12.8일자 "새로운 대한민국 이야기"에서

게으름뱅이가 성공에 도달하는 방법

1. 일중독의 함정에 빠지지 않는다

2. 열정을 불태울 수 있는 목표를 정하고, 그 목표를 성
   취해야 하는 매력적인 이유를 찾아 낸다

3. 즐겁고 신나는 일에 뛰어든다

4. 서두르지 않고 조금씩 일을 진행시킨다

5. 성공에 다가서는 길에 부딪쳐 오는 장애물에 당황하
   지 말고 즐기면서 하나씩 해결한다

　　　　　　　　　　　- 『게으름뱅이여, 당당하라』에서

열매를 만지기만 할 것인가 18

목적 없이 항해하는 사람은 바람의 힘을 빌릴 필요가 없다

– 미셸 에컴 드 몽테뉴

성공의 열매를 따기 위해 열심히 목표 사다리를 올라갔는데 겨우 열매만 만져 보았다면 무슨 의미가 있는가?

이것을 다르게 표현하면 목표 달성의 범위와 판단 기준을 스스로 정해 놓으라는 말이다.

그런데 '금년 말까지 토익 900점 이상 획득한다'라

고 목표를 정했는데 그 결과가 900점이 넘었을 경우 목표가 달성된 것이다. 따라서 목표 달성을 가늠하는 판단 기준이 왜 필요하냐고 물어 볼 수 있다. 그러나 목표 설정 후 단계적 실천 계획까지 수립하여 계획대로 다 실행해도 어떤 수준에 도달해야 목표가 달성된 것인지 스스로 판단하기 어려운 경우가 많다.

그래서 계획을 세울 때 어떤 상태에 이르면 목표가 달성된 것으로 판단할 것인지 기준을 정해 놓는 것이 편리하다.

예를 들어 금연하기로 목표를 세웠을 경우 1개월만 담배를 끊으면 되는 것인지 1년을 끊어야 되는 것인지 기준이 좀 애매하다. '나는 1개월만 담배를 끊으면 앞으로 절대 담배를 더 이상 안 피울 자신이 있다'고 생각한다면, 목표 달성 기준을 "1개월 동안 담배를 안 피우면 목표를 달성한 것으로 한다"라고 쓰면 된다. 반면 금연 효과는 3개월이 지나야 나타난다는 사실이 마음에 걸리면 "3개월 동안 금연하면 목표를 달성한 것으로 한다"라고 적을 수도 있다.

처음의 예처럼 '금년 말까지 토익 900점 이상 획득한다'라는 목표에서의 목표 달성 판단 기준은 간단하게 "반드시 토익 900점 이상을 획득해야 목표를 달성한 것이다"라고 하거나 "890점만 넘으면 목표를 달성한 것으로 간주한다"라고 표현할 수 있다.

이와 같이 목표만 설정하는 것과 목표 달성 여부 판단 기준을 함께 설정하는 것은 적절한 동기 부여의 차이 때문에 그 결과에 큰 차이가 날 수 있다.

목표를 달성한 후의 성취감이 다음 단계의 목표 설정을 위한 동기 부여의 요인이 되므로 하나하나의 목표를 확실하게 매듭지어야 한다.

어떤 하찮은 목표라도 성취한 후의 기쁨과 만족감은 대단하다. 목표 달성은 나도 무엇이든 할 수 있다는 자신감을 부여해 주므로 '내 자신이 설정한 목표를 나름대로 달성했느냐 못 했느냐'라는 것은 목표를 점차 발전시켜 나가는 데 무척 중요한 요소로 작용한다.

특히 최초로 목표를 글로 써서 시도하는 사람들에게

는 자신감이 무엇보다 중요하다. 나도 목표를 세워서 노력하면 무엇이든 할 수 있다는 믿음을 주기 위해 처음에는 목표 달성 기준을 낮게 설정할 필요가 있다. 목표 달성 판단 기준을 너무 높거나 어렵게 설정해 자신을 무능력한 사람으로 만들 필요는 없다.

밑줄 쫙악 ━

목표 달성 여부를 판단할 기준이 없으면 자칫 여러 목표를 한꺼번에 추진할 수 있다. 그러므로 아직 달성되지 않은 목표를 두고 다른 목표를 추진하느라 혼란을 겪을 수 있다. 경우에 따라서 1단계 목표가 달성되어야 다음 단계의 목표를 설정할 수 있으므로 목표 달성을 판단하는 기준이 없으면 다음 단계의 목표 추진이 애매할 수밖에 없다.

목표 사다리를 끝까지 올라가기 위한 다짐 **19**

아는 것만으로는 충분하지 않다. 이를 적용해야 한다
의지만으로는 충분하지 않다. 이를 실천에 옮겨야 한다

— 괴테

「**다**짐」의 사전적 의미를 찾아보면 '이미 한 일이 나 앞으로 할 일이 틀림없음을 조건 붙여 말함'이라고 되어 있다. 사전적 의미에 따르면 다짐은 '목표를 틀림없이 달성할 수 있음을 자신에게 확약하는 것'이라고 말할 수 있다.

자신에게 하는 말들은 다분히 의도적이기도 하지만

자문자답처럼 무의식적이기도 하다. 또한 자신이 스스로에게 말함으로써 자신의 생각을 심리적으로 강화시킬 수 있다. 이런 이유 때문에 가끔 격언이나 속담 등이 다짐 대신 사용되기도 한다. 하지만 다짐은 자신과의 약속이므로 되도록 꾸밈없는 자신의 의지를 자유롭게 적으면 된다.

여기서의 다짐은 자신이 설정한 목표를 기필코 달성하고야 말겠다는 굳은 의지를 표현한다. 따라서 자신이 설정한 목표를 달성할 수 있도록 지속적인 동기를 부여하는 데 큰 영향을 발휘한다. 또한 다짐은 자신이 되고자 하는 사람이 이미 된 것처럼 상상하게 만드는 등 스스로에게 영향을 끼친다.

따라서 다짐은 긍정적이고 적극적으로 표현되어야 하며, 꿈의 목록과 목표 작성 시처럼 현재 시제로 기술되어야 한다. 긍정적이고 적극적인 생각을 계속 반복하면 이것이 무한한 능력을 가진 우리의 잠재 의식에 반드시 영향을 끼치는 것을 확인할 수 있다.

이와 같이 다짐을 의도적으로 사용하면 자연스레 잠재 의식에 작용해 여러 바램들을 실현시킨다. 왜냐하면 다짐을 계속하면 스스로 그 힘과 변화를 기대하게 되므로 자신이 바라는 사람이 된 것처럼 행동하기 시작한다. 결국 자신의 기대에 맞춰 행동하므로 성격의 변화가 나타난다. 다짐은 신기하게도 마치 예언처럼 자신의 행동 목표를 정해 나아가게 만든다. 거짓말처럼 들릴지 모르지만 한번 경험해 보라! 경험할수록 다짐에 대한 믿음은 점차 강해진다.

목표를 향한 노력과 행동을 유발하는 다짐은 긍정적인 생각이 의식 깊숙한 곳에 항상 자리해야만 그 효력을 발휘한다. 긍정적인 생각을 계속 반복하고 또 반복해 나가면 부정적인 생각과 습관들은 어느새 없어진다.

이미 백여 년 전에 프랑스의 에밀 쿠에 박사는 "나는 날마다 향상되고 있다"고 반복해서 자신에게 말하기만 하면 더욱더 큰 행복을 느끼게 될 것이라고 주장했다. 긍정적인 다짐을 반복하고 또 반복하면 곧 긍정적인 사고의 습관이 형성된다. 긍정적 사고의 새로운 습관은 기존의 낡고 부정적인 사고 방식을 바꾸게 만든다. 이 때, 계속적인 반복을 통해 긍정적 사고 습관을 형성할 수 있도록 도와 주는 것이 바로 다짐이다.

하나하나의 목표를 달성하기 위한 목표별 다짐 외에 삶의 6대 영역별로 우선적으로 향상시키고 싶은 삶의 내용과, 과연 어떻게 살아야 할 것인가에 대한 다짐을 할 수도 있다. 예를 들면 '나는 베풀기 위해 돈을 번다', '나의 건강은 우리 가족의 행복이다' 등의 표현이 자신의 경제적 삶과 건강 측면의 삶을 어떻게 조화를 이뤄 살아야 할 것인가에 대한 다짐이 될 수 있다. 이와 같이 다짐은 우리들의 가치 체계를 강화시키고 목표 달성을 향한 의지를 항상 기억하도록 도와 준다.

인생 6대 영역별 다짐의 예	
건강 면	– 나의 몸은 무척 아름답다 – 나는 장수한다 – 나는 자연식이 좋다
사회 면	– 나는 상대방을 긍정적으로 생각한다 – 나는 상대방을 칭찬하는 사람이다 – 나는 상대방 의견을 존중한다
지적인 면	– 나에게는 무한한 잠재 능력이 있다 – 나는 남다른 재능을 가지고 있다 – 나는 메모를 생활화하고 있다
정신적인 면	– 나는 윤리·도덕적 가치 기준을 가지고 있다 – 나는 어떠한 폭력도 배제한다 – 나는 나와의 약속을 지키는 사람이다
경제적인 면	– 나는 정직하게 돈을 번다 – 나는 베풀기 위해 돈을 번다 – 나의 부는 저축으로부터 시작된다
가정적인 면	– 나는 내 가족 모두를 진정으로 사랑한다 – 내 가족의 행복은 나에게 달려 있다 – 나는 아내에게 날마다 '사랑한다'는 말을 한다

밑줄 좍악 –

다짐은 자기 스스로에게 말을 하는 것으로 성취욕을 자극시킨다. 다짐하는 말들은 의식적이기도 하고 무의식적이기도 하다. 자신이 믿는 것을 혼잣말로 반복적으로 긍정할 때 자신의 생각을 심리적으로 강화할 수 있다. 이것은 잠재의식에 영향을 미쳐 창조력을 발휘하도록 복돋운다.

자신에 대한 믿음을 갖자

무슨 일이라도 해낼 수 있는 힘은 자신의 믿음과 신념에서 나온다

나는 훌륭하고 독창적인 마인드를 가지고 있으며, 나의 행동이 최선의 결과를 가져올 것을 믿어 의심치 않는다

설사 최선을 다했음에도 일이 실패한다고 해서 이제까지의 노력이 쓸데없는 것인 양 자신을 비난하는 것은 피해야 한다

자신에 대한
믿음이 조건이다 20

자신에 대한 믿음이 성공의 첫 번째 비결이다

– 랠프 에머슨

인간의 욕구는 메슬로우가 구분한 대로 다섯 단계로 나누어 볼 수 있다.

1단계 : 신체적 욕구 또는 생리적 욕구
2단계 : 안정 욕구 또는 안전을 바라는 욕구
3단계 : 사회적 욕구 또는 사랑에 관한 욕구
4단계 : 자아 존중의 욕구
5단계 : 자아 실현의 욕구

자아실현
자아존중
사회적 욕구(사랑)
안정적인 욕구(안전)
신체적 욕구(생리적)

신체적 욕구는 인간이 살아가는 데 있어서 필수적인 요소로 먹고, 마시고, 숨쉬고, 입고, 자는 것과 같은 가장 기본적인 생리적 욕구다. 이 욕구가 어느 정도 충족이 안 되면 더 높은 욕구를 충족시키기 위한 노력을 추구하기 어렵다. 이처럼 점점 더 높은 단계의 욕구는 대부분 하위 단계의 욕구가 충족되어야 나타난다.

자아 존중의 욕구는 자신이 가치 있는 존재임을 깨달아 자신의 재능과 능력을 최대한 발휘하고자 하는 욕구다. 자아 실현의 욕구는 성공을 향한 자아발전 노력과 더 높은 목표를 끊임없이 실현해 나가는 것이다.

성공한 사람들은 대부분 낮은 단계의 욕구들은 가볍게 충족시키고 자아 실현의 욕구에 더 많은 시간과 노력을 기울인다. 리더십 훈련도 자신의 잠재 능력을 개발함으로써 궁극적으로 자아 실현의 욕구를 달성하려는 것이다. 즉 목표를 향한 노력은 자신의 기본 욕구를 충족시키려는 동기부여 행위이며 동기부여는 목표 달성을 위한 잠재 능력의 개발과 노력이라고 할 수 있다.

맨손으로 출발해 30세에 백만장자가 되었고 지금은

성공을 위한 동기 부여 컨설턴트로 활동하고 있는 앤드류 우드(Andrew Wood)는 그의 저서 『나에겐 지금 못할 것이 없다』에서 "인생에는 많은 목표와 도전과 시련이 있다. 그런 목표를 이룰 수 있는지 없는지, 도전과 시련을 성공으로 이겨 낼 수 있는지 없는지는 그 사람의 동기가 얼마나 강한가에 달려 있다"고 했다.

동기 부여는 스스로에게 강렬한 욕구나 욕망이 일어나게 하며, 자신이 바라는 행동을 적극적으로 하도록 자극한다. 따라서 동기 부여는 내면의 가장 강렬한 욕구나 욕망, 즉 열정을 발견하는 일에서부터 시작된다. 다시 말하면 동기 부여는 어떤 경우라도 열정을 전제로 하므로 열정이 없으면 동기가 유발되지 않는다. 그리고 열정은 기회가 오면 즉시 행동으로 옮길 정도로 강해야 한다.

동기 부여에서 그 다음으로 중요한 것은 자신의 열정을 행동으로 옮길 수 있는 커다란 이익이나 혜택이 있어야 한다는 점이다. 여기서 말하는 이익이나 혜택은 모든 사람이 공감하는 이익이나 혜택이 아니라 자신의 주관적인 가치 판단에 합당한 이익이나 혜택을 말한다.

만약 당신의 생활 수준이 중류층 수준은 된다면 신체적(생리적) 욕구보다는 사회적 욕구나 자아 실현의 욕구가 더 강렬하다. 반대로 당장 먹고 사는 것이 걱정인 사람은 어떤 욕구보다도 신체적 욕구가 훨씬 더 강렬하다.

예로부터 자신을 두려움에 빠지게 만들어 동기를 유발하는 경우가 있다. 그런데 처벌이나 손해 등의 발생 때문에 동기가 유발되는 것보다는 이익이나 혜택 등 적절한 보상으로 발생하는 동기 유발이 더 지속적이고 효과적이다. 다시 말하면 두려움과 보상에 의한 동기 부여는 일시적이지만 태도 변화에 따른 동기 부여는 인간의 본성에 대한 진정한 이해를 바탕으로 이루어지므로 훨씬 더 지속적이고 강력한 추진력을 형성하는 것이다.

태도 변화에 따른 동기 부여는 오랜 세월 동안 형성된 과거의 태도를 삶의 새로운 습관으로 대체하는 것이다. 태도와 습관을 바꾸려면 지금 즉시 행동으로 옮겨야 하지만 태도와 습관의 변화는 오랜 시간을 필요로 한다. 이런 태도와 습관의 변화는 사고의 변화에서부터 출발한다.

다음 내용은 어떤 사고의 변화가 성공을 향한 동기 부여가 될 수 있는지를 잘 가르쳐 준다.

첫째, 성공에 대한 긍정적인 기대를 가져야 한다.

동기 부여의 가장 큰 장애 요소 가운데 하나는 부정적인 환경에서 생겨난 사고 방식이다. 물론 긍정적인 기대는 저절로 생기는 것이 아니며, 더불어 긍정적인 자세도 자신을 어느 정도 통제할 수 없으면 갖출 수 없는 자질이다. 즉 긍정적인 기대는 자신에 대한 자각이 있을 때만 가능하며 무엇보다 자신에 대한 전폭적인 신뢰가 필요하다.

이것은 현재와 미래에 펼쳐질 자신의 능력에 대한 자신감과 자신을 잘 아는 것에서 출발한다. 목표를 작성하기 전에 '꿈의 목록' 작성부터 자신의 가치관이 포함된 '나의 사명 선언서 ', '나의 강점', '나에게 중요한 일' 등을 작성하는 것은 자신을 잘 알기 위한 작업이었다. 목표 달성을 위한 실천 계획에서도 '목표가 나에게 가져다 줄 이익과 혜택', '목표 달성에 장애가 되는 요소와 그 해결책' 등을 기술하는 것은 자신을 확실히 알기 위한 준비 단계이다. 자신의 생각을 구체화하여 현재 자신이 어디에 서 있고 어디로 가고 있는지를 알게 된다면 인생에 대한 확고한 이해를 바탕으로 성공을 향해 줄달음치고 있는 것이나 다름없다.

둘째, 자기 성취의 예언이 필요하다.

동기 부여에 있어서 부정적 사고 방식 다음으로 장애가 되는 것은 과거의 실패를 기억하고 회상하는 일이다. 앞에서 이야기한 것처럼 어린아이가 수없이 쓰러지면서도 걸음마를 배우는 것과 마찬가지로 인생은 어차피 실패를 거울 삼아 좀더 나은 삶을 향해 살아 나가는 과정이다. 한두 번의 실수나 실패가 인생의 커다란 약점도 아니고 벌점이 쌓이는 것은 더욱더 아니다.

진정한 리더는 실수나 실패를 주의 깊게 분석하고 그 실수로부터 가치 있는 교훈을 모두 찾을 수 있어야 한다. 실수란 인생에서 위축되고 현실을 외면하라고 발생하는 것이 아니다. 오히려 인생의 모든 어려움을 두려움 없이 부딪치도록 격려하기 위한 것이라고 생각해야 한다.

"과학이나 예술 또는 역사상의 진보는 모두가 실수를 저지른 사람들에 의해 시작되었다"는 말도 있다. 실수에 연연하는 사람은 뇌가 자동적으로 또다시 실수하는 방향으로 행동을 유도한다. 성취를 예언하는 사람의 뇌는 원하는 일을 성취시키는 방향으로 작동된다.

요즘 운동 선수들은 '이미지 트레이닝'을 한다. 이

미지 트레이닝이란 실제로 운동을 안 하고 생각으로만 연습하는 것이다. 골프 선수가 평소에 필드에 안 나갈 경우에는 이미지 트레이닝을 한다. 그리고 필드에 나가서도 공을 치기 전에 자신의 공이 어디로 날아갈 것인지 미리 머릿속에 그려보고 치면, 공이 진짜로 자신이 생각한 대로 날아간다고 한다. 불안한 생각을 가지고 공을 치면, 친 공이 십중팔구 잘못 날아가는 경우를 골프를 쳐 본 사람은 누구나 한번쯤 경험했을 것이다. 요즘은 골프뿐 아니라 농구, 배구, 축구, 테니스, 탁구 등 모든 운동에 이미지 트레이닝이 중요한 연습 요소로 활용되고 있다.

밑줄 좍악 ─────────────────────

당신의 인생에 변화를 몰고 올 터닝포인트 5가지

1. 아침을 정복하라
2. 나쁜 습관을 끊어라
3. 말의 힘을 활용하라
4. 너저분한 것들을 치워라
5. 옷 입는 법을 배워라

확고한 결심과 자신감이 목표 달성의 키포인트다 **21**

**성공을 위해 가장 중요한 것은
꼭 성공하고야 말겠다는 확고한 결심이다**

– 에이브러햄 링컨

다른 사람들이 자신을 어떻게 생각할까 또는 무엇이라고 말할까 하는 생각에 사로잡혀 자신의 의지를 관철시키지 못하고 계획을 수정하거나 포기한 경험들이 있지는 않은가? 만약 그런 경험이 있었다면 그것은 자신의 가치 기준을 명확하게 세워 놓지 못했기 때문이다.

자신의 가치 기준은 스스로의 지식과 경험에 의한 가치관에 따라 자신만이 정할 수 있다. 따라서 가치 체계가 명확한 사람은 확고한 가치 기준에 따른 목표 설정과 우선 순위를 확실히 정할 수 있다. 그리고 목표 달성을 위한 자신의 욕구와 열정을 불러일으켜 계획에 따른 확고한 실천을 결심할 수 있다.

또한 가치 체계가 명확한 사람은 자신이 현재 어디에 서 있고 어디로 가고 있는지를 잘 안다. 따라서 목표 달성에 대한 최고의 자신감을 갖게 된다. 자신의 가치관에 대한 믿음이 강한 사람일수록 자신감이 넘친다. 태도와 습관의 변화로 더욱 발전된 자신의 모습을 발견하거나 자신의 무한한 잠재 능력에 대한 믿음도 더 높은 자신감을 갖도록 하는 중요한 요소이다.

자신의 현재 능력이나 환경에 구애받지 말고 목표에 대한 확고한 결심과 자신감을 가져야 한다. 실천 계획에 대한 확고한 실행 결심과 할 수 있다는 확고한 자신감이 없다면 목표에 도달하는 것은 거의 불가능하기 때문이다.

성공의 법칙 – 맥스웰 몰츠

1. 새로운 결심을 시작할 수 있는 계기를 정한다
2. 결심이 여러 가지일 때는 자신의 가치관과 일치하는 우선 순위가 높은 것을 골라서 먼저 시작한다
3. 장기 계획, 중간 계획, 일일 계획을 꼼꼼히 세운다
4. 내일 계획의 실천 여부를 확인할 수 있도록 플래너(계획표)를 쓰는 습관을 들인다
5. 결심을 함께 실천할 동료가 있으면 더욱 좋다

자신감을 위한 10가지 충고

1. 많은 사람이 모인 곳에서 당당하게 맨 앞에 앉아 보라

2. 시선을 상대의 눈에 맞춰라

3. 빠르고 가볍게 걸으라

4. 먼저 말을 걸라

5. 미소짓고 휘파람을 불어라

6. 성공한 사람과 가까이 하라

7. 그들을 닮으라. 흉내내라

8. 적극적으로 생활하라

9. 남의 일에 지나치게 사로잡히지 말라

10. 불확실한 일에 미리 겁먹지 말라

시각화하면
목표가 분명해진다 **22**

지금 가지고 있는 것으로 현재의 위치에서 최선을 다하라

– 시어도어 루스벨트

1952년 7월 4일, 영국해협의 바닷물은 얼음처럼 차가웠다. 게다가 안개가 짙어 한치 앞도 볼 수 없었다. 플로렌스는 헤엄쳐 앞으로 조금씩 나아갔지만 절망만 쌓였다. 여성으로서 영국해협 횡단의 도전은 역사적 사건이었고, 100만 명 이상의 시청자들이 TV를 통해 숨죽이며 플로렌스를 지켜보고 있었다.

그러나 상황은 점점 더 어렵게 되어갔다. 이제 그녀를 호위하는 보트들마저 앞을 볼 수 없을 정도였다. 그녀 주변의 보호 장치 너머로는 상어들이 끊임없이 접근했고, 때로는 보트에서 총을 쏘아 멀리 쫓아버리기도 하였다. 뒤에서 어머니와 트레이너가 계속 격려의 말을 해 주었지만 결국 그녀는 중간에서 포기하고 말았다.

손에 땀을 쥐고 지켜보았던 많은 시청자들은 적잖이 실망했다. 왜 포기했느냐고 기자들이 묻자 그녀는 짤막하게 대답했다.

"변명하려는 건 아니에요. 육지가 보이기만 했어도 끝까지 해냈을 거예요."

그녀를 패배시킨 것은 추위도 피로감도 아니었다. 그것은 도달해야 할 목표가 보이지 않는 것에 대한 절망감이었다.

2개월 뒤 플로렌스는 다시 도전했다. 그런데 공교롭게도 그 날 똑같은 상황이 벌어졌다. 그러나 플로렌스는 남자 기록을 두 시간이나 단축해서 영국해협을 횡단하는 기쁨을 누렸다.

똑같은 상황에서 어떻게 그것이 가능했을까? 플로
렌스는 그 동안 무슨 훈련을 했을까? 플로렌스는 그녀
가 도달해야 할 프랑스 연안으로 가서 그 곳 바닷가의
풍경, 마을 풍경, 사람들의 표정까지도 마음에 담아두
었다가 연습 기간 동안 내내 떠올렸다고 한다.

이것이 '시각화'의 효과다. 시각화의 기술은 우리를
몽상의 세계로부터 명확한 현실의 영역으로 옮기게
도와 준다. 그래서 어떤 생각을 사실처럼 보이게 만든
다.

'꽃'이라는 말을 들으면 자신이 아는 범위 안에서
재빨리 꽃을 그려 본다. 어쩌면 사진처럼 선명하게 그
려지지 않을지도 모른다. 왜냐하면 시각화는 우리가
이미 알고 있는 것에만 한정되어 적용되기 때문이다.

상상력은 시각화에 의미를 더해 주는 양념 같은 역
할을 한다. 시각화에서 중요한 것은 생각할 수 있는 것
은 무엇이나 시각화할 수 있고, 시각화한 것은 무엇이
나 이룰 수 있으며 창조가 가능하다는 사실이다.

인생에서도 똑같은 원리가 작용된다. 인생에서의 진짜 비극은 목표가 어딘지 몰라 도달하지 못하는 데 있는 것이 아니라 도달해야 할 목표가 명확하지 않은, 즉 목표를 시각화하지 못하는 데 있다.

페르시아에 곱사등이로 태어난 한 왕자가 있었다. 왕자가 열두 살이 되는 생일에 아버지인 왕이 생일 선물로 무엇이 갖고 싶은지 물었다. 왕자는 아버지를 똑바로 바라보면서 말했다.

"제 동상을 갖고 싶습니다."

순간 왕은 자신이 선물을 주겠다고 말한 것을 후회했다.

"얘야, 네가 갖고 싶은 다른 것은 없니?"

그러자 왕자는 다시 한 번 분명히 말했다.

"저는 제 동상을 갖고 싶어요. 하지만 지금 제 모습이 아니라 똑바로 서 있는 모습을 한 동상을 갖고 싶어요."

왕은 안타깝고 걱정스런 눈으로 왕자를 바라보며 생

각했다.

'똑바로 서 있는 동상이라? 그렇다면 더욱 문제다.'

하지만 왕자는 뜻을 굽히지 않았다.

"저는 제 동상을 매일 볼 수 있도록 창 밖 정원에 세워 두고 싶어요."

왕자의 태도는 너무나 당당하면서도 간절했으므로 아버지인 왕조차도 거스를 수가 없었다. 왕은 아들의 청을 받아들여 동상을 만들어 주도록 명령했다. 그것도 등이 똑바로 펴진 모습으로 서 있는 동상을 만들라고 했다.

곱사등이 왕자는 날마다 정원에 나가 동상을 바라보면서 등을 펴고 또 폈다. 숨을 깊이 들이마시면서 등을 펴고 또 펴다 보면 온몸에 땀이 나곤 했다. 그의 시선은 항상 멋진 모습으로 서 있는 자신의 동상에 고정되어 있었다. 왕자는 이런 행동을 9년 동안 되풀이했다.

스물한 번째 생일날, 왕자는 드디어 자신의 동상처럼 등을 꼿꼿이 편 채 머리를 곧게 세우고 똑바로 설수 있었다. 그리고 늘 그렇게 해 왔듯이 자신의 동상을 바라보았다.

위의 이야기에서처럼 시각화의 효과는 대단하다. 이
야기 속의 왕자와 달리, 목표에 대한 자신의 그림이 명
확하지 않으면 스스로 설정한 목표에 도달하기란 무
척 어렵다. 그림이 명확하지 않다는 것은 목표가 뚜렷
하지 않다는 것을 의미하기 때문이다. 목표는 명확한
데 그림이 잘 그려지지 않으면 기존의 그림이나 사진
을 눈에 띄는 곳에 부착해 놓거나 갖고 다닐 수도 있
다.

상상력을 최대로 발휘하여 목표에 주의력을 집중시
키고 시각화한다면 이루고자 하는 목표를 성취할 수
있을 것이라 확신한다.

밑줄 쫙악−

시각화는 단순히 생각을 종이 위에 쓰는 문자와는 전혀
다른 효과를 기대할 수 있다. 구체적으로 자신의 목표를 명
확하게 시각화하면 뇌가 그것을 기억하여 시각화된 것과 똑
같은 행동을 무의식적으로 하게끔 만든다. 따라서 목표를
시각화하면 자신의 목표는 이미 현실화되고 있는 것이나 마
찬가지다.

리더로서의 조직 목표 설정 23

> 못 얻었다고 그의 상(上)을 비난하는 것은 잘못이며,
> 백성 위에 있으면서 백성과 동락하지 않는 것도 잘못이다.
>
> —맹자

리더란 언행의 모범을 통하여 다른 사람들을 이끄는 사람을 말한다. 『논어』, 『맹자』에 자주 등장하는 군자가 리더이며, 우리말로는 지도자라고 표현될 수 있다. 리더는 소규모 단위의 팀장에서부터 대기업의 CEO까지 모두 해당된다. 군에서는 분대장과 소대장이 리더이며, 각 참모부서의 장도 리더이

고 참모총장도 리더이다. 공직에서는 계장도 리더이고 대통령도 리더이다.

나는 이 책을 쓰면서 리더란 성공한 사람을 가리키는 것으로 생각하여 리더가 되고 싶으면 성공해야 하며, 성공하기 위해서는 목표를 설정하고 실행에 옮길 것을 강조했다. 다시 말하면 지금까지는 각 개인이 성공하기 위한 목표 설정 방법과 실행 방법을 설명하였으며, 독자들에게 이 방법을 통하여 모두 성공하여 이 사회를 이끄는 리더가 될 것을 역설했다.

이제 나름대로의 목표 설정을 토대로 작은 성공을 이루었으면 더 큰 성공을 위하여 계속 정진해 나가야 한다. 또한 작은 성공을 이룬 한 조직의 리더로서 이제는 조직의 목표를 수립하여 나만의 성공이 아닌 조직의 발전까지 도모할 수 있어야 참다운 리더로서 성공할 수가 있다. 조직의 목표 설정 방법 역시 개인의 목표 설정과 똑같은 방법으로 조직이 추구하는 가치체계에 따라 조직의 목표를 설정하면 된다.

다만, 리더는 조직의 목표를 설정한 후 조직 구성원

의 조직 목표 달성을 위한 자발적인 노력을 이끌어내는 내적 동의를 구할 수 있는 능력이 있어야 한다. 이것이 리더십이다. 리더는 조직 목표 설정과정에서 다음의 세 가지를 반드시 유념해야 조직 구성원의 자발적인 노력을 이끌어낼 수 있으며, 목표를 성공적으로 달성할 수 있다.

첫째, 조직의 목표는 상하간의 합의하에 설정되어야 한다. 리더는 독단으로 조직의 목표를 설정하는 것은 독재적 리더가 행하는 방법이다. 자칭 똑똑하고 우수한 리더라고 생각되어 자기 머리와 추진력만 믿고 조직을 운영하는 방법은 처음에는 잘 되어 갈 것 같아도 결국은 조직 구성원의 적극적인 지지와 협조를 잃게 되어 목표 달성이 어렵게 되는 법이다.

둘째, 조직의 목표는 고객의 여론을 반영하여야 한다. 현대사회에서 고객이 없는 조직은 상상조차 하기 힘들다. 장사하는 사람만 고객이 있는 것이 아니라 은행 같은 서비스업도 많은 고객을 확보하야야 한다. 정치인도 고객인 국민을 자기편으로 만들어야 한다. 모든 조직이 꼭 필요한 고객을 확보하기 위해서는 조직 목표 설정 시 고객과의 협의는 물론 고객의 여론을 수렴하여야 한다는 것이다.

셋째, 조직의 목표는 조직 내에서 가장 소홀히 하기 쉬운 사람들의 요구를 받아들인 것이어야 한다. 조직 내에서 가장 소홀히 하기 쉬운 사람들은 주로 보이지 않는 곳에서 일을 하거나 리더와의 접촉이 거의 불가능한 사람들을 일컫는다. 이들은 대개 조직 내에서 가장 힘든 일을 하면서도 대우도 제대로 못받고 어렵게 살아가는 사람들이다. 리더가 만약 이들의 요구를 조직 목표에 반영시킬 수만 있다면 그 조직은 살아 있는 조직으로서 계속 성장할 수 있을 것이다.

맆줄 짜약

1. 일하는 방법이 민주적이어야 한다. : 리더의 업무수행 방법에 대한 믿음
2. 일에 대한 능력이 뛰어나야 한다. : 리더의 업무능력에 대한 믿음
3. 사람이 되어야 한다. : 리더 개인의 품성에 대한 믿음

남이 한 번 해서 잘한다면 자기는 백 번 하면 되고
남이 열 번 해서 잘한다면 자신은 천 번 하면 된다
(人一能之 己百之, 人十能之 己千之)
– 중용(中庸)

　위대한 일을 이루어 내는 힘은 뛰어난 능력이 아니
라 결코 포기하지 않는 의지라고 할 수 있다. 기필코
목표를 달성하려면 중간에서 만나는 여러 장애 요인
을 헤치고 나아가야 한다. 힘들고 지친 때일수록 인내
심을 발휘해 끈기를 가지고 끝까지 노력한다면 성공
은 언제나 자신의 눈앞에 다가온다.

　아주 작은 성공도 한 번에 하나씩 노력하는 끈기가
필요하다. "인내는 쓰나 그 열매는 달다"는 장 자크 루
소의 말은 앞으로도 수세기 동안 인간이 힘들어할 때
마다 힘을 주는 금과옥조가 될 거라고 생각한다.

1950년대 후반 개리 플레이어라는 골퍼가 남아프리카 공화국에서 미국으로 건너와 많은 승리를 거두자 사람들은 그를 행운아라고 부르기 시작했다. 다른 사람들과 마찬가지로 프로 골퍼들도 개리 플레이어가 잘 하는 이유는 단지 자기들보다 운이 좋기 때문이라고 생각했다.

어느 날 기자 한 사람이 플레이어에게 행운에 대해 묻자 그는 토머스 제퍼슨의 말을 인용해 이렇게 말했다.

"물론 나는 행운아입니다. 연습을 하면 할수록 더 운이 따르더군요."

이 말 속에 플레이어를 행운아로 만들어 준 열쇠가 들어 있는데 그것은 곧 연습이라는 '노력' 이다.

다른 골퍼들은 플레이어가 자신들보다 열 배나 더 열심히 노력한다는 사실을 인정하고 싶어 하지 않았다. 그들은 플레이어가 해뜨기 전에 연습장에 나와 어둠이 깔린 후에야 들어간다는 사실에 대해 말하지 않았다. 또 그가 파티나 사교 모임을 피해 일찍 잠자리에

든다는 사실에 대해서도 모른 척했다.

그들은 플레이어가 근육 운동을 계속해 힘을 기르고 있다는 것도 이야기하지 않았다. 그들은 다만 플레이어의 실력을 그냥 '행운' 덕이라고 했다. 그러는 것이 훨씬 마음이 편했기 때문이다.

그러나 플레이어는 자기 나름대로의 행동 방침을 세운 뒤 그 계획대로 남보다 몇 배 더 피나는 노력을 했기 때문에 그들보다 골프를 잘 할 수 있었다.

우리 나라에서 외국에 나가 골퍼로서 성공한 박세리, 김미현, 최경주 선수 등도 별명이 '연습 벌레'이다. 이 세상에 노력과 희생 없이 이루어지는 일이란 없다.

우리들은 대부분 기다리는 것을 싫어한다. 열심히 일하고 오랫동안 저축해서 돈을 벌겠다는 생각보다는 로또복권이라도 당첨되어 벼락부자가 되기를 바란다. 그러나 땅에 씨를 뿌리자마자 풍성한 수확을 기대할 수는 없다. 씨를 뿌렸으면 거름도 주고 잡초도 뽑고 때로는 약도 뿌려야 한다. 그리고 싹이 자라나 꽃피운 뒤 열매 맺어 익을 때까지 인내를 가지고 끈기 있게 기다려야 한다. 어느 현인의 "삶의 가장 큰 비밀은 기다리는 법을 배우는 것이다"는 말이 오늘을 사는 우리에게 많은 것을 되돌아보게 한다.

실천이라는 것이 말처럼 쉬운 일이 아니다. 대개 성공을 이루기 직전에 자신과의 싸움에서 패하기 때문이다.

성공하려고 마음먹었으면 끝까지 자신과 싸워 이겨야 한다. 자신과의 싸움에서 이길 수 있도록 돕는 것이 자기 개발 훈련이다. 히말라야 정상까지 오르는 등반을 예로 든다면 우리는 지금 8~9부 능선에 올라와 있다. 즉 지금까지 논의한 내용은 산의 8~9부 능선 정도까지 올라온 것이라고 볼 수 있다.

이제 자신과의 싸움만 남았다. 정상을 정복하기 가장 힘든 것은 자신과의 치열한 싸움에서 살아남아야 하기 때문이다. 그러므로 진정한 성공을 위해 가장 어려운 자기 개발 노력이 절실히 요구된다고 하겠다.

자기 개발의 마지막 단계는 베푸는 것이다.

베푸는 삶은 부메랑처럼 나에게 돌아와 진정한 행복을 안겨 준다.

베푸는 삶은 나뿐만 아니라 사회를 윤택하게 만든다. 만약 성공한 후에 베푸는 삶을 살지 못하면 아무것도 나에게 돌아오는 것이 없기 때문에 그 동안 평생을 바쳐 가꾸어 온 성공도 물거품이 되고 말 것이다.

저자 **신진우**

학 력	서울 사대부고 졸업
	육군사관학교 졸업(이학사)
	미 캘리포니아 주립대 졸업(행정학 석사)
	경희대 스피치 토론 전문과정 수료
	LMI 한국지부 주관 EPL(효과적인 자기계발 리더십) 과정 이수
	토란스 창의력 FPSP 전문코치 라이센스 획득
	경기대 행정학 박사과정
경 력	군에서 중대장, 교관, 참모 보좌관 역임
	월남전 참전 / 육군 소령 예편
	국방부 사무관으로 공직에 투신, 주로 정책 및 기획분야 근무
	국방부 감사관, 기획조정관 역임
	국립 현충원장을 끝으로 명예퇴직
	남서울대 출강
저서 및 연구서	「대국민 안보의식 재고를 위한 국방 홍보방안」
	정97-1228, 한국국방연구원(1997)

목표 사다리

1판 1쇄 찍음 / 2004년 8월 10일
1판 9쇄 펴냄 / 2019년 3월 12일

지 은 이 신진우
펴 낸 이 배동선
　　　　　마케팅부/최진균
　　　　　총무부/허선아
펴 낸 곳 아름다운사회
출판등록 2008년 1월 15일
등록번호 제2008-1738호
주　　소 서울특별시 강동구 성내로 16, 3층 303호(성내동, 동해빌딩)
대표전화 (02)479-0023
팩　　스 (02)479-0537
E-mail assabooks@naver.com

ISBN : 89-5793-049-3 03320

값 5,000원

※ 잘못된 책은 교환해 드립니다.